정리교육,
지금 시작합니다

Original Japanese title: OKATAZUKE IKU, HAJIME MASHITA
ⓒ 2015 by Emi

Original Japanese edition published by Daiwa Shobo Co., Ltd.
Korean translation rights arranged with Daiwa Shobo Co., Ltd.
through The English Agency (Japan) Ltd. and Danny Hong Agency.
Korean translation copyright ⓒ 2015 by The Soup Publishing Co.

이 책의 한국어판 저작권은 대니홍 에이전시를 통한 저작권사와의 독점 계약으로 도서출판 더숲에 있습니다.
저작권법에 의해 한국 내에서 보호를 받는 저작물이므로 무단전재와 복제를 금합니다.

* 도서출판 에밀은 도서출판 더숲의 임프린트입니다.

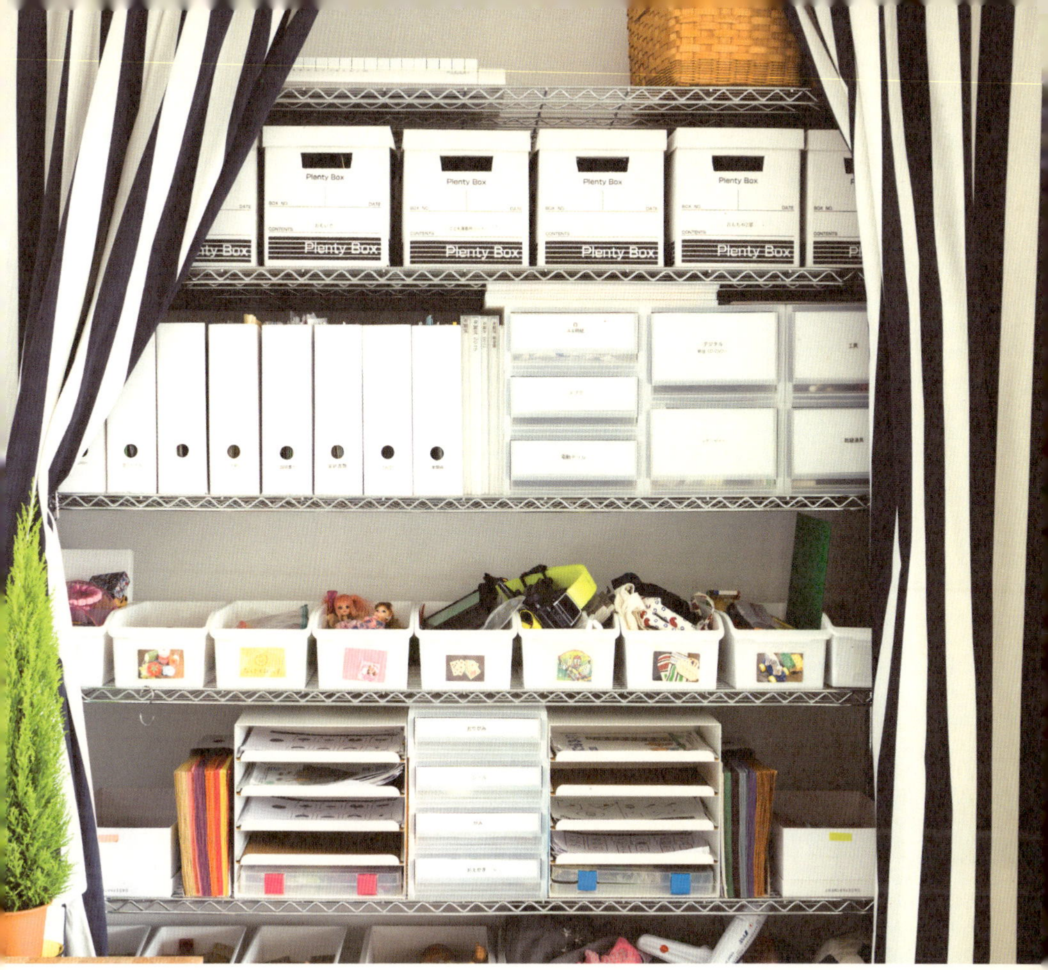


# 정리교육,
# 지금 시작합니다

Emi 지음 · 황혜숙 옮김

에이밀
E-MEAL

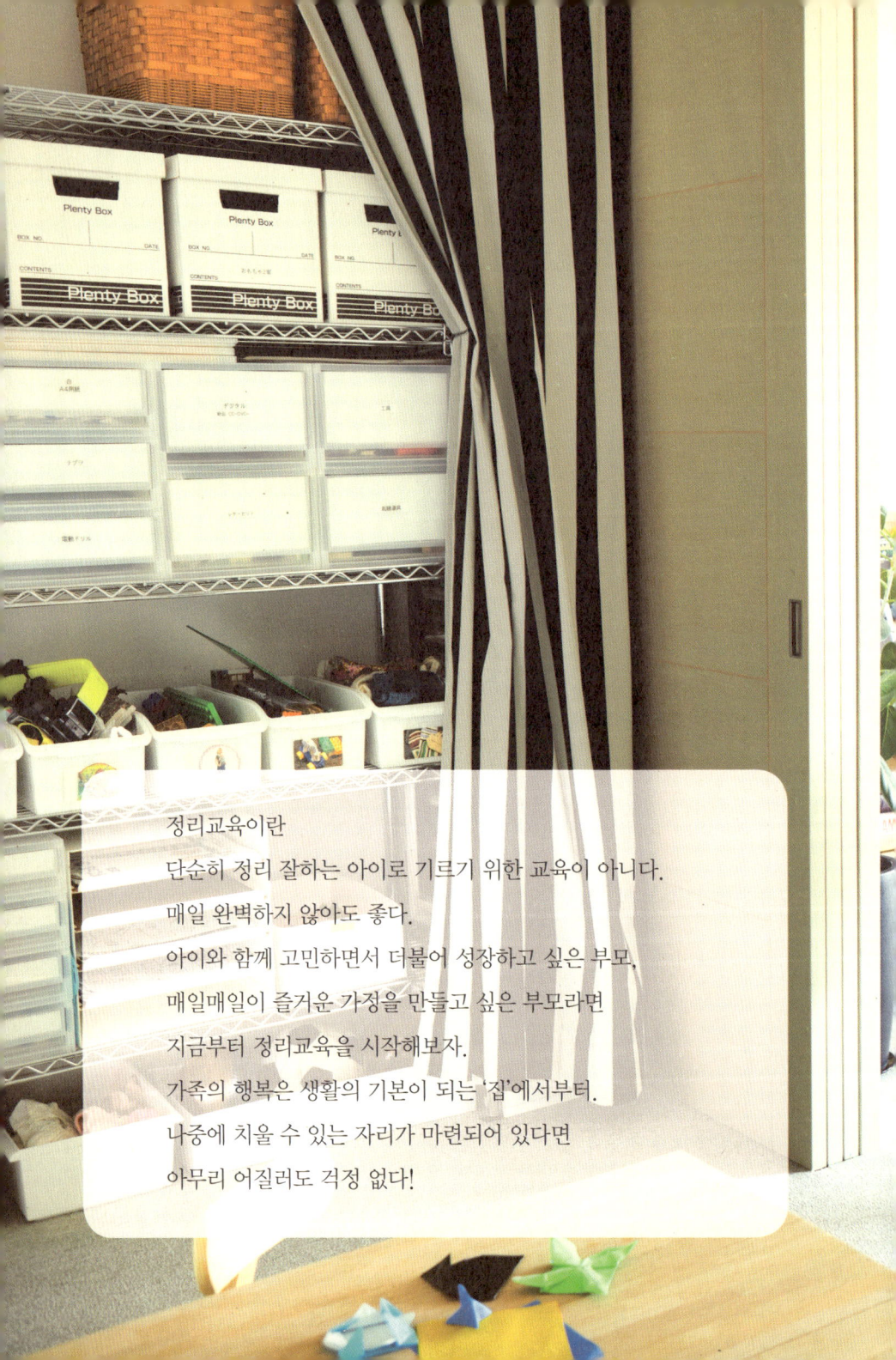

정리교육이란
단순히 정리 잘하는 아이로 기르기 위한 교육이 아니다.
매일 완벽하지 않아도 좋다.
아이와 함께 고민하면서 더불어 성장하고 싶은 부모,
매일매일이 즐거운 가정을 만들고 싶은 부모라면
지금부터 정리교육을 시작해보자.
가족의 행복은 생활의 기본이 되는 '집'에서부터.
나중에 치울 수 있는 자리가 마련되어 있다면
아무리 어질러도 걱정 없다!

"장난감 좀 치워~!"
"빨리 옷 갈아입어야지."
"아이고, 현관에 신발 좀 가지런히 놓지!"

한창 말썽부릴 아이들과 생활하다보면 자신도 모르게 잔소리가 계속 튀어나온다. 여섯 살 아들딸 쌍둥이를 둔 우리 집도 예외는 아니다. 조심해야지 하면서도, 어느새 잔소리를 하는 나를 발견한다.

하지만 그렇게 잔소리하고 싶은 엄마가 어디 있겠는가?

아이들도 당연히 듣기 싫을 것이다.


좀처럼 현관에 신발을 가지런히 벗어놓지 못했던 쌍둥이.

어떡하면 좋을지 고민하던 어느 날, 문득 이런 생각이 떠올랐다.

'신발 모양 시트를 현관에 깔아두면 아이들도 자연스럽게 신발을 정리할지 몰라!'

"와~ 이게 뭐야?"

아니나 다를까 어린이집에서 돌아온 아이들이 눈을 반짝였다.

그러고는 거짓말처럼 자기 신발을 시트 위에 가지런히 놓는 것이 아닌가?

나는 속으로 '옳거니!' 하고 쾌재를 불렀다(웃음).

"와, 대단하네, 혼자서 신발을 정리했구나!"

두 아이는 어깨를 으쓱해 보였다.


이런 일이 하나의 계기가 될 수 있다. 아이는 부모가 생각하는 것 이상으로 스스로 하려는 의지와 힘을 가지고 있다. 아이의 능력을 믿고 자연스럽게 자기 일은 스스로 할 수 있게 만드는 시스템을 온 집안에 마련해놓는 것이 제일 좋다. 시간도 돈도 많이 들지 않는 작은 아이디어로 아이와 함께 즐기면서 집안 정리를 해보자.

before

엄마,
내가 했어요!

장난감 상자가 가득차면…….

'장난감을 모두 꺼낸다 → 앞으로 쓸 것을 고른다 → 쓰기 편하게 정리한다'

이러한 절차를 '정리수납'이라고 한다. 세 살 때부터 나와 함께 장난감 정리를 시작한 쌍둥이. 여섯 살이 된 지금은 나름대로 규칙을 정해 '필요한 것, 처분할 것(남에게 줄 것 포함)'을 선택하고 있다. 각자 자기만의 기준이 있는 모양이다. 아이가 성장할수록 자신의 일은 스스로 결정해야 하는 때가 많아진다. 그럴 때 '모두 꺼낸다 → 스스로 우선순위를 정한다 → 행동으로 옮긴다'라는 정리수납의 절차가 모든 일에 도움이 된다. 정리정돈을 통해 자기 일을 스스로 정하는 생활태도를 기르는 것을 나는 '정리교육'이라고 이름 붙였다.

나 역시 늘 부족하고 앞으로도 갈 길이 먼 엄마다. 하지만 이런 교육을 통해 '정리를 잘하는 우등생'으로 키우려는 마음보다 '결정하는 힘' '연구하는 힘' '행동으로 옮기는 힘'을 기를 수 있으면 좋겠다는 바람을 가지고 있다.

물질과 정보가 넘쳐나는 요즘, 아이들 스스로 자신의 중심을 정할 수 있다면 더 풍요로운 삶을 살 수 있지 않을까?

**1**

## 규칙은 아이와 함께 만들어가자

엄마들은 장난감을 어디에 정리할까 고민할 때가 많다. 이럴 때 처음부터 완벽하길 바랄 수는 없지만 아이와 함께 생각해보는 과정을 즐겨보면 어떨까? "선반 자리는 여기와 저기 중 어디가 더 편해?" "바구니는 무슨 색으로 할래?" 하고 아이들에게 선택권을 줌으로써 아이들은 '내 물건'이라는 인식을 갖게 된다.

 ## 장난감 수납과 일상적인 주변 정리부터 시작한다

아이가 식사준비도 좀 도와주고, 욕실 청소도 해주길 바라는 부모가 많다. 하지만 무엇보다 먼저 해야 할 일은 아이들에게 가장 친근한 장난감 수납공간을 마련해주고 매일 주변정리를 스스로 할 수 있도록 해주는 것이다. 이렇게 하면 그것을 바탕으로 다른 집안일도 자연스럽게 하게 된다.

## 언제든지 시작할 수 있다

"우리 애는 초등학생인데 이미 늦었나?"
"두 살밖에 안 되었는데 너무 이르지 않나?"
그렇지 않다. 그런 생각을 하는 '지금'이 바로 시작할 때다.
장난감 선반에서부터 '앞으로도 간직하고 싶은 것'에 이르기까지 정리할 물건들을 아이와 함께 선택해보자.

### 머리말

나는 '가족의 행복은 생활의 기본이 되는 집에서부터'라는 생각에서 적은 노력으로 가족 모두가 편하고 쾌적하게 생활할 수 있는 심플라이프를 목표로 삼고 있다.

맞벌이를 하는 우리 부부는 여섯 살 된 쌍둥이 남매를 키우고 있다. 나는 정리수납 컨설턴트로 세미나를 열거나 서적·칼럼 집필, 혹은 예전에 상품기획자로서 일했던 경험을 살려 기업의 상품개발에도 종사하고 있다.

그런데 '정리수납 컨설턴트'라고 하면 "에미 씨는 늘 주변이 완벽하게 정리되어 있고, 아침에도 다른 식구들보다 일찍 일어나 집안일을 깔끔하게 마치고 가족들을 배웅하시겠네요?" 하는 말을 자주 듣는다. 하지만 부끄럽게도 나는 밤 9시만 넘으면 아이들과 함께 잠이 들고 아침에도 별로 일찍 일어나는 편이 아니다.

그다지 부지런하지 않은 자신에게 실망할 때도 있지만 지금은 거의 포기한 상태다(웃음). 그래서 더욱 아이들과 같이 잠이 들어도 집안일이 쌓이지 않는 시스템을 만들려고 노력하고 있다. 쌍둥이가 더 어릴 때는 육아도, 일도, 집안일도 눈코 뜰 새 없이 바빠서 무조건 '내'가 활용하기 편한 시스템을 만들었었다.

예를 들면 어린이집 준비물은 손닿는 곳에 두어 세탁 후 바로 내일의 준비를 끝낼 수 있도록 하고, 매일 사용하는 식기는 선 자세에서 손을 뻗으면 집을 수 있는 높이에 두어 빠른 시간 내에 식사준비를 마칠 수 있게 하는 식이었다. 집안의 시스템을 정비하고 집안일에 드는 시간을 단축해서 '어떻게든 집안일을 편하게 하고 쌍둥이 육아에 전념해야지!' 하는 생각뿐이었다.

그러던 어느 날, 네 살도 채 안 된 아이들이 어린이집에서 파자마를 개는 모습을 보고 눈이 번쩍 뜨였다.

'그렇구나, 아이들도 얼마든지 할 수 있구나. 좀 더 아이들의 능력을 믿고 맡겨봐야지!' 하는 생각이 들었다. 나에게만 편한 시스템으로는 오래 못갈 것이라는 사실을 깨달았다.

파자마를 개는 아이들에게서, 처음에는 시간이 좀 걸리겠지만 나중에는 아이들이 스스로 생각하고 스스로 행동할 수 있다는 가능성을 본 것이다. 그 후 아이들과 함께 스스로 할 수 있는 시스템을 만들어나가기 시작했다.

"이거 어디다 둘래? 여기? 저기가 좋을까?"

여섯 살이 된 지금은 매일 어린이집 갈 준비는 물론, 스스로 판단해서 장난감 종류를 나누는 등 아이 스스로 할 수 있는 일이 훨씬 많아졌다. 아이들 자신이 판단해서 행동에 옮길 수 있게 된 것은 여간 기쁜 일이 아니다. 시스템만 잘 갖춰놓으면 이렇게 아이들은 혼자서 할 수 있는 일이 늘어 자신감이 생기고, 엄마 자신의 집안일도 눈에 띄게 편해진다.

나의 세 번째 저서인 이 책에서는 아이들의 정리정돈에 초점을 두었다. 장난감을 정리하는 공간과 아이들이 스스로 옷을 갈아입고 정리할 수 있는 시스템은 처음부터 완벽하지 않아도 된다. 아이들과 함께 만들어보자.

"앗! 너희들 또 어질러놨어!"

이렇게 아이들에게 화내기 전에 이 책을 한번 훑어보고 '오늘은 이걸 아이들과 함께 해볼까?' 하는 마음이 든다면 저자로서 더 바랄 것이 없겠다.

목차

정리교육, 지금 시작합니다 · · · · · · · · · · · · · · · · · · · · · · · · · · · 4
머리말 · · · · · · · · · · · · · · · · · · · · · · · · · · · · · · · · · · · · · · · · · · · 12
우리 집 평면도 · · · · · · · · · · · · · · · · · · · · · · · · · · · · · · · · · · · · 18

**CHAPTER 1** 아이들 스스로 할 수 있어요! 우리 집의 하루

**6:40** 굿모닝!
아이들이 각자 자신의 바구니에 들어 있는 빨래 개기 · · · · · · · 20

**7:00** 잘 먹겠습니다!
아이들 손이 닿는 높이에 아이들 간식 넣어놓기 · · · · · · · · 22

**7:50** 다녀오겠습니다!
가방 놓는 곳을 정해두면 스스로 꺼내서 어린이집으로 출발! · · · 24

**18:20** 다녀왔습니다!
현관에 신발모양 시트를 둔 덕분에 아이들이 신발을 가지런히 놓았다 · · 26

**18:30** 자, 그대로 욕실행이다!
가방은 로커에 집어넣기만 하면 된다 · · · · · · · · · · · · · · · · · 28

**18:50** 모두 같이 저녁식사 준비
아이들도 함께하기 쉬운 전기 프라이팬 요리로 · · · · · · · · · · 30

**19:10** 잘 먹겠습니다!
밥도 내가 풀거야! '밥 다 되었어 왜건'의 대활약 · · · · · · · · · 32

**19:40** 잘 먹었습니다!
'밥 다 되었어 왜건'을 밀어서 부엌으로 · · · · · · · · · · · · · · · · 34

| 20:00 | 자, 내일을 위한 준비<br>각자의 '신변용품 로커'에서 필요한 물건을 쉽게 찾을 수 있다 ········ 36 |
| 20:10 | 자, 노는 시간이다!<br>단 30분만이라도 마음껏 노는 시간을 만들자. ························ 38 |
| 20:40 | 치울 시간이다!<br>'1종류 1수납'이라서 아이들도 쉽게 제자리에 돌려놓을 수 있다 ········ 40 |
| 21:00 | 안녕히 주무세요!<br>가족 도서관에서 잠자기 전에 읽을 그림책을 고른다 ················ 42 |

| 칼럼 1 | '쾌와 불쾌'를 안다는 것 ························ 44 |

# CHAPTER 2
## 자연스럽게 치우고 싶어지는 시스템을 연구하자!
## 우리 집의 공간 만들기

공간 만들기의 원칙 ························································ 46
아이들 공간 만들기 ······················································ 50
연령별 아이들 공간 아이템 소개 ·································· 52
실제로 해보자! 1세~ 기어 다니는 시기 ······················ 54
실제로 해보자! 2세~ 아장아장 걷는 시기 ·················· 56
실제로 해보자! 4세~ 어린이집 초반기 ······················ 58
실제로 해보자! 6세~ 어린이집 중반기 ······················ 60
'1종류 1상자' 장난감 수납 ········································ 64
아이들이 쉽게 찾을 수 있는 라벨 만들기 ···················· 66
장난감 정리 어떻게 하지? ·········································· 68
가족회의 report ① 빨래 바구니 문제 ························ 70
가족회의 report ② 책상 문제 ···································· 72

'신변용품 로커' 만들기 · · · · · · · · · · · · · · · · · · · · · · · · · · · · 74

연령별 '신변용품 로커' 아이템 소개 · · · · · · · · · · · · · · 77

실제로 해보자! 1세~ 엄마가 준비해주는 아기 시기 · · · · · · · 78

실제로 해보자! 2세~ 엄마가 준비하는 어린이집 시작 시기 · · · · 80

실제로 해보자! 4세~ 스스로 준비하는 시기 · · · · · · · · · · 82

쉬는 날 아이들 옷은 어디에 수납하지? · · · · · · · · · · · · · · 84

우리 집 빨래는 이런 식으로 한다! · · · · · · · · · · · · · · · · · 85

아이들이 한눈에 알 수 있는 아이콘 라벨 만들기 · · · · · · · · 86

6명의 아이들 장난감 수납방식 엿보기! · · · · · · · · · · · · · · 88

5명의 신변용품 로커 엿보기! · · · · · · · · · · · · · · · · · · · · 92

'아이들 공간' 참고 아이템 소개 · · · · · · · · · · · · · · · · · · 96

칼럼 2   가사노동의 합리화와 육아의 관계 · · · · · · · · · · · 98

 CHAPTER 3 고민은 모두 마찬가지네! 모두의 질문 Q & A

Q 장난감 수납 선반을 만들었는데 아이들이 쓰기 불편해 해요 · · · · · 100

Q 자잘한 문구류 수납을 어떻게 하면 좋을까요? · · · · · · · · · · · · · 102

Q 신변용품 로커를 만들고 싶은데 어떤 가구를 사면 좋을까요? · · · · 104

Q 아이가 좋아하는 텔레비전 방송 녹화 DVD가 쌓여만 가는데…… · · 105

Q 이사를 자주 하는 우리 가족에게 맞는 가구는? · · · · · · · · · · · · 106

Q 금방 작아지는 아이들 옷, 어떻게 하나요? · · · · · · · · · · · · · · · 107

Q 잘 그린 그림은 어디에 둘까요? · · · · · · · · · · · · · · · · · · · · · 108

Q 유치원에서 가져오는 입체작품은 어떻게 보관하지요? · · · · · · · · 109

Q 아이들이 좋아하는 캐릭터 상품은 어떻게 하지요? · · · · · · · · · · 110

Q 장난감이 넘쳐나는 우리 집. 치우려면 어디서부터 손을 대야 할까요? ......... 111

 칼럼 3    "어떤 식으로 아이를 키우고 싶은가?" ................. 112

## CHAPTER 4
### 아이들과 더 즐겁게 정리정돈 할 수 있는 아이템 15

아이들과 벼룩시장을 개최해보자! ......... 114
재활용 가게로 가족 나들이를 가자 ......... 115
아이들과 before · after를 공유하자! ......... 116
게임으로 청소 분담을 정하자! ......... 117
여행지에서도 아이들 전용 서랍을 만들자! ......... 118
아이들과 깔끔하게 정리된 친구집에 방문하자! ......... 119
시간을 정하고 시작 전에 타이머를 누르자! ......... 120
아이들이 좋아하는 캐릭터가 대변하게 하자! ......... 121
청소 노래를 틀어보자! ......... 122
'노력표'를 만들어 칭찬스티커를 붙여주자! ......... 123
30분 대청소 대회 그리고 쓰레기 처리장 방문 ......... 124
이런 말로 아이들을 지도하려고 노력한다
　❶ 막연히 '치워래'가 아니라 구체적인 말로 전달하자 ......... 126
　❷ 아이들이 안심할 수 있도록 아이 말을 반복하자 ......... 127
　❸ '나 스스로 해냈다!'는 생각이 들게 해준다 ......... 128
　❹ 제일 마지막에는 "엄마도 같이 하자!"가 효과만점! ......... 129

맺음말 ......... 130

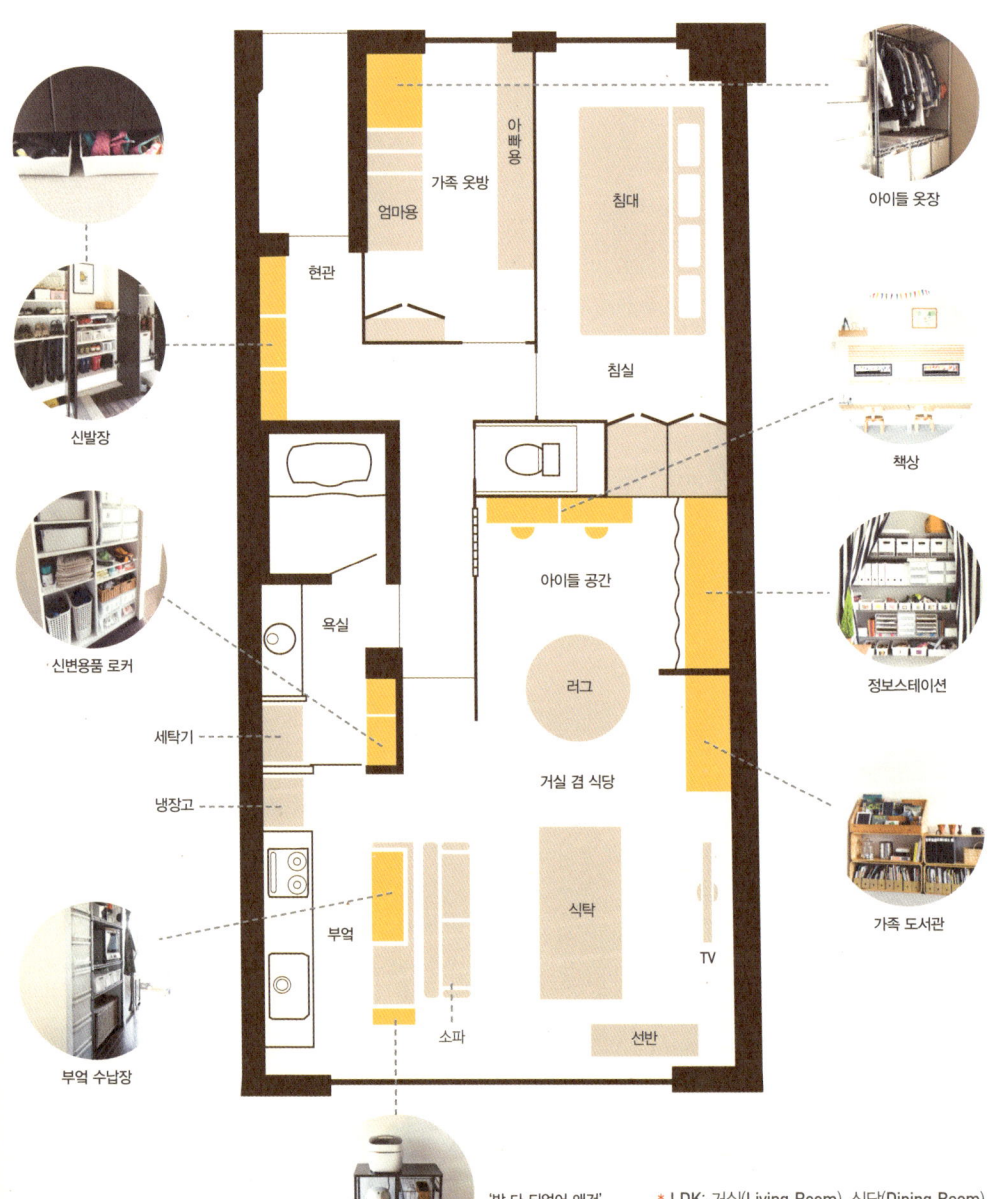

# CHAPTER 1

## 아이들 스스로 할 수 있어요!
## 우리 집의 하루

다녀오겠습니다!

매일 아침 가족들이 일어나는 6시 30분에서 아이들이 잠드는 21시까지.
맞벌이 부부와 어린이집에 다니는 여섯 살 쌍둥이가 사는 우리 집의 하루다.
'모든 집안일이 완벽한 분업체제! 아이들이 해야 할 일이 정해져 있는 시스템'보다는
우리 가족이 '평소에 하고 있었고, 어느샌가 자연스럽게 정착된 시스템'을 만들고 싶었다.
매일 100% 완벽할 수는 없다. 부모나 아이들의 기분에도 변화가 있고,
제대로 실천하지 못하는 날도 물론 있지만,
바쁜 일상 속에서 네 가족이 이렇게 즐겁게 살아가고 있다.

1. 각자 빨래 개기.
2. 하루치 빨래는 이것뿐!
3. 화장실에 있는 신변용품 로커에 넣는다.

| 엄마 | 다 마른 세탁물을 각자의 바구니에 나눠넣기 |
| --- | --- |
| 아빠 | 아침식사 준비 |

"안녕히 주무셨어요!" 아침에 일어나면 두 아이가 제일 먼저 옷을 갈아입는다. 평일에는 <mark>욕실에 있는 '신변용품 로커'(74쪽 참조)에서 아이들이 그 날의 기분에 따라 입고 싶은 옷을 고른다.</mark> 어떤 날은 '그 패션은 좀……' 하는 생각이 들 때도 있지만 말이다(웃음).

날씨가 더울 때도 있고 추울 때도 있지만 기온이나 날씨에 대해 부모가 앞서 가지 말고 아이 스스로 판단해서 옷을 고르도록 맡긴다.

옷을 다 갈아입은 다음에는 내가 아이들별로 빨래를 나누어 넣어놓은 작은 바구니를 뒤집어서 아이들 <mark>스스로 자신의 빨래를 갠다.</mark>

네 살이 되었을 무렵부터 시작한 빨래 개기. 처음에는 수건 한 장부터 시작했지만 여섯 살이 된 지금은 일상이 되었다. 물론 '맙소사~' 하는 소리가 절로 나오는 날이 아직도 있다. 그런 날은 "자, 엄마가 오늘은 파자마 개는 것을 도와줄게!" 하고 아이들에게 도움을 받는 것이 아닌, 아이들을 도와준다는 입장을 취한다.

잘 먹겠습니다!
아이들 손이 닿는 높이에
아이들 간식 넣어놓기 @ 부엌

냉장고와 냉동고 사이
서랍은 아이들
전용으로!

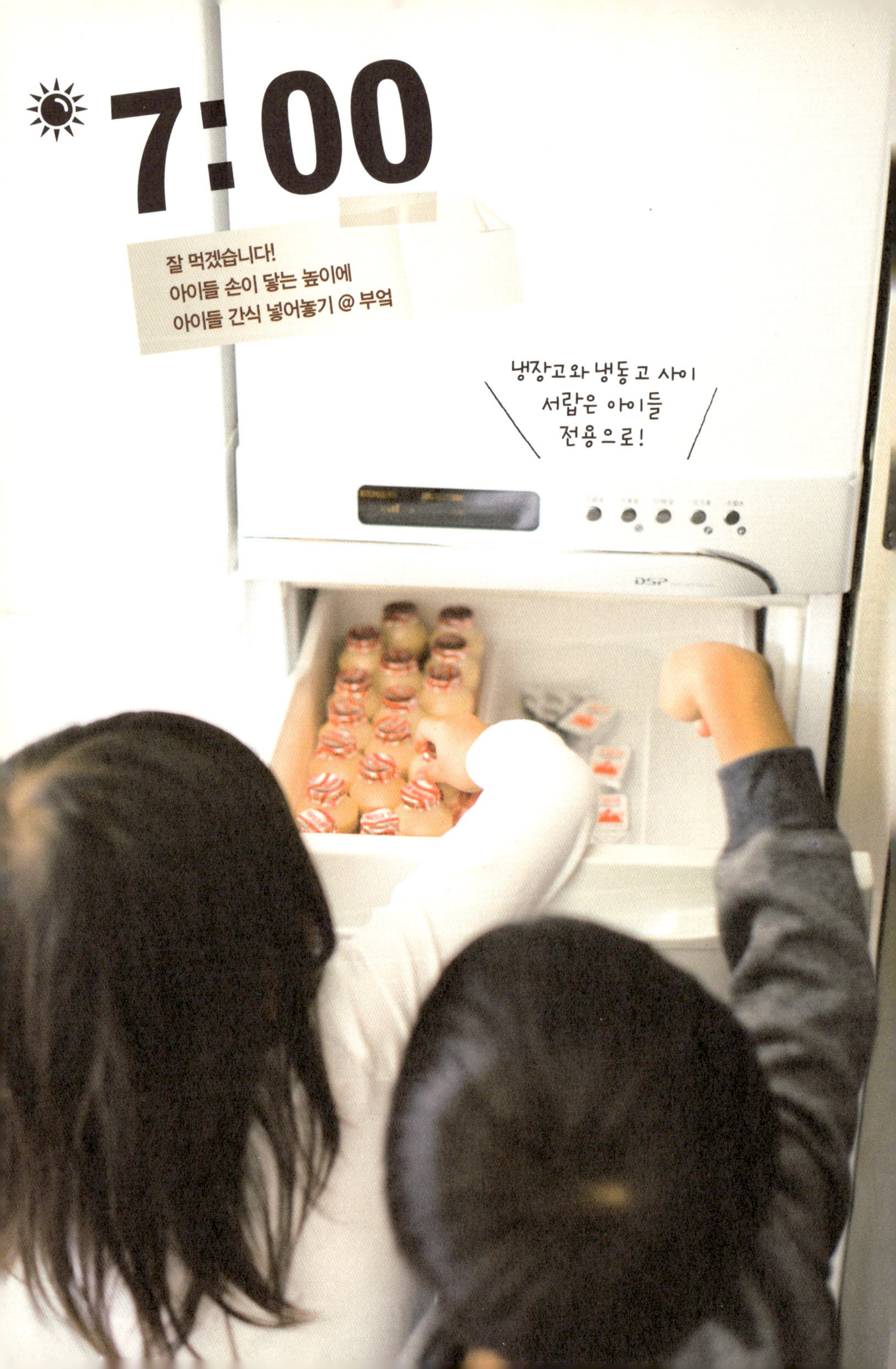

아이들의 손이 닿는 곳에 아침식사용 빵의 자리를 정해놓으면 아이들도 가지러 가기 쉽다.

식사가 끝나면 아이가 스스로 식기를 치운다. 아이들이 사용하기 편한 식기를 선택했다.

모두가 분주한 아침에는 각자 좋아하는 음식을 먹는 것이 언제부터인가 우리 집의 규칙이 되었다. 가령 아들은 계란을 얹은 밥, 딸은 빵에 햄과 치즈를 즐겨 먹는다. 점심은 급식, 저녁은 제대로 챙겨먹으니 아침만큼은 좋아하는 음식을 먹고 기운내자!

우리 아이들은 요구르트를 아주 좋아하는데 냉장고와 냉동고 사이의 서랍을 아이들 전용서랍으로 만들고부터 "엄마, 요구르트 주세요!"라는 요구에서 해방되었다. 전용서랍에는 요구르트와 치즈가 들어 있어서 아이들 스스로 꺼내 먹을 수 있다. 사소한 것이라도 이렇게 아이들이 스스로 하게 해주면 부모도 훨씬 편해지는 것은 물론 아이들도 자신들의 냉장고라는 생각에 좋아한다.

'식사 중에는 텔레비전 금지!'가 바람직하지만 사실 아침에는 텔레비전을 계속 켜놓는다. 다만 정보 프로그램만 본다는 원칙하에 날씨나 뉴스를 시청하면서 모두 함께 식사를 한다. 식사가 끝나면 아침에는 설거지를 하지 않고 식기만 치우고 그냥 싱크대에 담가놓는다.

내가 치울 거야!

가방 놓는 자리는
언제나 일정한 곳에

☀ **7:50**

다녀오겠습니다!
가방 놓는 곳을 정해두면 스스로 꺼내서
어린이집으로 출발! @ 욕실

베란다 화분에 물주기는 아이들 담당.

**가끔 글자 공부시키기**
화장이나 머리손질 하는 틈틈이 채점을 해주기도 한다. 한마디로 필사적이다(웃음).

남편과 내가 출근 준비를 하는 동안은 아이들의 자유시간이다. 우리 집은 아침에 부모보다 아이들이 더 여유가 있는 편이다. 이렇게 짬이 날 때 아이들은 송사리 카몬과 레몬에 먹이를 주고 꽃에 물을 준다.

가끔 글자나 숫자 쓰기 연습을 하는 날도 있다. <mark>학습지는 아이들 공간(61쪽 참조)의 손이 닿는 곳에 둔다.</mark> 그러면 공부하고 싶을 때 아이가 스스로 꺼내 올 수 있다.

남편과 나의 출근 준비가 끝나면 <mark>양말을 신고 서랍에서 가방을 꺼낸다.</mark> "다녀오겠습니다!" "오늘 하루도 사이좋게 지내라." "네!" "선생님 말 잘 듣고." "네!" 아빠가 아이들에게 주문을 건다. 각자의 장소에서 오늘 하루도 열심히 하자!

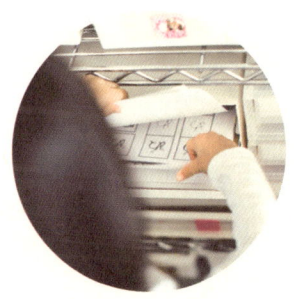

글자 공부는 아이들이 기분에 따라 고른다.

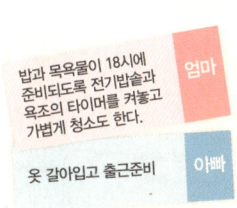

# 18:20

다녀왔습니다!
현관에 신발모양 시트를 둔 덕분에
아이들이 신발을 가지런히 놓았다. @ 현관

왠지 모르게
올려놓고 싶어!

겉옷은 신발장 밑에 아이별로 따로따로.

투명 폴더 안에 신발 모양을 그린 종이를 넣어두었다.

**개인별로 수납된 신발장**
왼쪽이 나, 가운데가 아이들. 오른쪽이 남편의 신발장.

영차
현관에서 우편물을 분류한다.
엄마

　웬만하면 가방은 스스로 들게 한다. 자기의 일은 자기가 하는 것이 기본 원칙.
　자, 현관을 열면 ==구두를 시트 위에 올려놓고 모자와 겉옷은 현관 바구니에 담아둔다.== 옷걸이에 옷을 거는 것은 아이들에게는 아직 이른 것 같다. 어른인 나도 매번 옷걸이에 거는 것이 귀찮을 때가 있지 않은가. 물건의 자리만 정해두면 걸지 않고 담아두는 것만으로도 깔끔하고, 바구니는 정리하기도 쉽다. 우리 집은 신발이 별로 없는 편이어서 ==아이들 신발은 가운데 선반에 넣은 것이 전부다.== 신발은 이곳에만 두기 때문에 아이들은 다른 문을 열 필요도 없이 가운데 문을 열고 스스로 신발을 골라 신는다. 도대체 아이들의 신발 속에는 왜 그렇게 모래가 많은 것일까? 신발 속 모래는 현관 신발장 안에 둔 쓰레기통에 버리게 한다.

걷지 않고
집어넣기만

# 18:30

자, 그대로 욕실행이다!
가방은 로커에 집어넣기만 하면 된다. @ 욕실

손잡이가 달린 솔만 있으면 아이들도 청소하기 쉽다. 아이의 손이 닿는 곳에 둔다.

아이가 스스로 집어넣기 쉽도록 빨래 바구니를 낮은 곳에 두었다.

아이들이 목욕을 좋아하면 얼마나 좋겠는가? 유감스럽게도 우리 아이들은 목욕을 별로 좋아하지 않아서 아예 집에 오자마자 씻게 한다. 아이들은 현관에서 복도를 지나 그대로 거실로 직행하면 놀기 시작한다. 그래서 화장실에 비치된 신변용품 로커에 가방을 집어넣으면 바로 욕실행이다! 벗은 옷을 키 높이에 있는 빨래 바구니에 각자 넣은 후 바로 목욕을 할 수 있도록 아침에 외출할 때 18시에 맞춰 목욕물이 데워지게 예약해둔다. 가끔 내가 예약을 잊어버리면 아이들은 '뭐야~' 하며 툴툴거리면서도 목욕물이 데워지는 동안 목욕탕 청소를 해주기도 한다. 이럴 땐 자잘한 때가 남아 있어도 못 본 척하고 대견하다고 칭찬해준다.

목욕이 끝난 후에도 나는 아이의 파자마나 수건을 준비해주지 않는다. 아이의 손이 닿는 위치, 혹은 문을 열거나 서랍을 열 필요도 없이 손닿는 곳에 놓으면 간단히 혼자 꺼낼 수 있다.

욕실 장난감은 물 빠지는 바구니에 넣어 걸어둔다.

CHAPTER 1 아이들 스스로 할 수 있어요! 우리 집의 하루   29

# 18:50

모두 같이 저녁식사 준비.
아이들도 함께하기 쉬운
전기 프라이팬 요리로 @ 거실&식당

둥그랗게 만들기만
하면 되므로
아이들에게도 간단!

햄버그스테이크 빚었어!

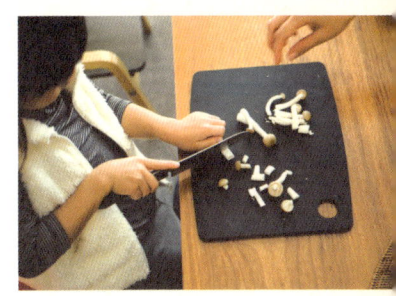
다섯 살 생일에 선물받은 어린이용 칼에는 각자의 이름이 새겨져 있다.

배고픈 아이들을 위해 서둘러 저녁 준비를 한다. "엄마 뭐 자르고 싶어", "나도 요리하고 싶어" 하는 아이들. 대견할 때도 있지만 급한 마음에 여유가 없는 날은 '오늘은 참아줘' 하는 생각이 들 때도 있다. 하지만 <mark>아이들의 의욕이 넘칠 때는 잠깐이라도 함께하려고 노력한다.</mark>

부엌이 좁은 탓에 세 사람이 함께 움직이기 곤란해지자 언제부터인가 전기프라이팬 요리를 하는 날이 많아졌다. <mark>식탁 위에서 버섯을 칼로 썰거나 햄버그스테이크를 빚는다.</mark> 모두 맛있게 먹기만 하면 되므로 모양은 별로 신경 쓰지 않는다(웃음).

머지않아 "나도 돕고 싶어요~" 하는 말을 더 이상 듣지 못할 날이 올 것이다. 아이들이 자라면서 학원이나 서클활동 때문에 바빠지면 부엌에 들어올 시간도 줄어들기 마련이다. 사실 나 자신도 사춘기 때는 집안일은 전혀 돕지 않았던 것 같다. 그러므로 지금 이 순간을 소중히 여기자고 스스로를 타이른다.

시간 여유가 있는 휴일 아침에도 아이들과 함께 전기 프라이팬으로 요리를 한다. 왠지 신이 난다!

CHAPTER 1 아이들 스스로 할 수 있어요! 우리 집의 하루　31

\통칭/ '밥 다 되었어 왜건'

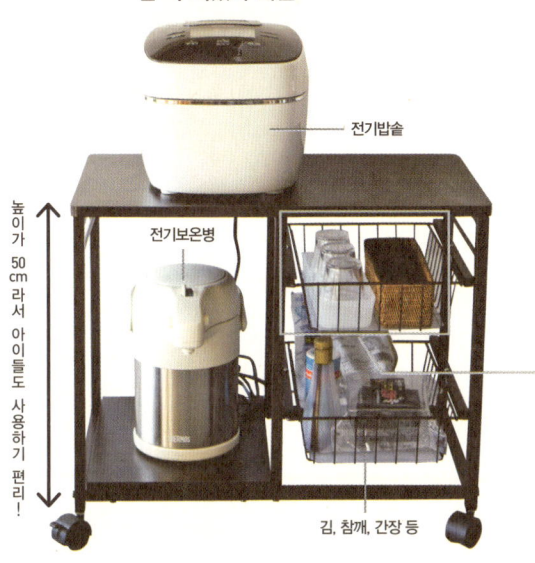

전기밥솥

높이가 50㎝라서 아이들도 사용하기 편리!

전기보온병

김, 참깨, 간장 등

'카운터 아래 가전용품을 수납할 수 있는 왜건'(진한 갈색)
가로60×세로35×높이50㎝/베르메종/절판 제품

젓가락 통도 선반에

수저세트, 플라스틱 컵도 여기에 수납. <mark>아이들의 손이 닿기 쉬운 높이라서</mark> 스스로 식사 준비를 할 수 있다.

바로 옆

'밥 다 되었어 왜건'은 식탁 옆에 배치한다. 가까이 두는 것이 포인트.

식사준비가 끝나면 이른바 <mark>'밥 다 되었어 왜건'을 식탁 옆으로 덜컹덜컹 밀고 온다.</mark> 이것은 이름 그대로 밥이 다 되면 준비하는 왜건이다.

요즘 밥을 한 그릇 이상씩 먹기 시작한 두 아이. "한 그릇 더!" "더 주세요!" 하면 그때마다 부엌에 가서 밥을 퍼오는 것이 번거로웠다. 그래서 <mark>아이가 먹고 싶은 양만큼, 직접 푸는 방식으로 바꾸었다.</mark> 스스로 정한 양이라서 더 이상 밥을 남기는 일도 없다.

이렇게 함께 식사하면서 그날 있었던 일을 식탁 위에서 나누곤 한다.

저녁식사 시간은 종일 어린이집에서 보내는 아이들과 함께하는 소중한 대화의 시간이다. 우리는 왜건 덕분에 웬만하면 부엌에 들락거리지 않고 함께 밥을 먹으며 이 소중한 시간을 즐겁게 보낼 수 있게 되었다.

제자리로!

생활용품 브랜드인 '크루아상 가게'의 이중 수세미. 부드러워서 아이들도 빨기 쉽다.
378엔/크루아상 가게

부엌 카운터 옆이 원래 위치.

싹싹. 식탁을 닦는 것은 아이들의 몫이다.

    식사를 마치면 <mark>각자 접시는 스스로 치운다.</mark> 다 치우면 좋아하는 요구르트를 한 병씩 마실 수 있어서 아이들은 열심히 한다. 아이들이 "나도 설거지하고 싶어요!" 하는 날은 식기세척기를 사용하지 않고 함께 설거지를 하기도 한다.

    어느 날 설거지를 하던 아들이 어린이집에서 쓰는 젓가락 통을 열어 젓가락을 꺼내는 데 애를 먹고 있었다. 비누 거품이 묻은 손으로 하려니 힘든 모양이었다. 그 후 아이는 젓가락 통과 젓가락을 따로따로 싱크대에 넣기 시작했다. 이처럼 직접 해봐야 비로소 불편함을 깨닫고 어떻게 하는 것이 더 효율적인지 생각해보게 되는 법이다.

    반면에 딸아이는 요즘 인형을 돌보기 바빠서 설거지에는 흥미가 없는 모양이다(웃음). 그래도 '언젠가는 흥미가 생기겠지' 하고 느긋하게 기다린다. <mark>아이가 스스로 흥미를 느꼈을 때 할 수 있는 환경만 만들어주면 언제 시작해도 늦지 않다.</mark>

CHAPTER 1 아이들 스스로 할 수 있어요! 우리 집의 하루   **35**

# 20:00

자, 내일을 위한 준비. 각자의 '신변용품 로커'에서 필요한 물건을 쉽게 찾을 수 있다. @ 욕실

오른쪽은 딸 전용

왼쪽은 아들 전용

빨랫감은 여기!

어린이집에서 사용할 젓가락과 컵을 준비 중.

'신변용품 로커'. 어린이집 준비물이 모두 들어 있다.

아이들이 세 살 때까지는 전날 밤에 내가 두 아이의 준비물을 다 챙겨주곤 했다. 그러면서 늘 어떻게 하면 더 빨리 일을 마칠 수 있을까 고심했다. 어린이집에서 수건이나 파자마를 스스로 개던 모습을 본 후로, 집에서도 시키면 할 수 있을 것 같다는 생각이 들었다. 우선 어린이집에서 입은 옷을 빨래바구니에 넣는 것부터 시작했다.

네 살 무렵부터는 어린이집과 똑같은 로커를 만들어 스스로 할 수 있는 시스템을 갖추었다. <mark>스스로 관리할 수 있을 만큼의 양을 주고 한눈에 찾기 쉽도록 했다.</mark> 요즘은 어린이집 갈 준비는 스스로 할 수 있다. 물론 내키지 않아할 때도 있지만 그럴 때는 다음날 아침에 해도 된다. 물론 전날 미리 챙겨두면 편할 테지만, <mark>언제 실행에 옮길지는 아이들에게 맡기기로 했다.</mark> 어른인 나도 당장 하라고 해도 안하는 일이 있지 않은가?

빌린 책은 가방 아래 넣어둔다. 이렇게 하면 반납을 잊는 일이 없다.

여름에 쓰는 수영복 가방은 욕실 문의 고리에 걸어둔다.

CHAPTER 1 아이들 스스로 할 수 있어요! 우리 집의 하루　37

# 20:10

카드게임으로 모두 같이 놀 수 있다!

자, 노는 시간이다! 단 30분만이라도 마음껏 노는 시간을 만들자! @ 거실

거실 한쪽을 아이들 공간으로

우리 집에서는 애들이라고 봐주지 않는다!

카드는 섞이기 쉬우므로 원래 상자에서 꺼내서 밀봉된 비닐봉지에 넣어둔다. 이렇게 하면 아이들도 꺼내기 쉽고 집어넣기 쉽다.

바쁘게 일하다보면 평일에 아이들과 여유있게 놀아줄 시간이 좀처럼 나질 않는다. 그렇다고 아이가 "엄마 함께 놀아요!" 할 때 집안일을 하면서 적당히 놀아주면 아이들이 칭얼대곤 했다. 그래서 '하루에 30분은 제대로 놀기!'로 정했다. 이렇게 하니 단 30분을 놀아주어도 1시간 다른 일을 하면서 대충 놀아주는 것보다 아이들이 훨씬 좋아했다. 칭얼거림도 줄어들고 (가끔은 여전히 칭얼대지만) 잠자리에 들 준비도 잘 한다.

예전에는 소꿉놀이나 블록 쌓기를 주로 했지만, 요즘은 우노(UNO) 카드나 트럼프 같은 카드게임이 주를 이룬다. 언제까지 이렇게 아이들과 놀아줄 수 있을까? 이 '30분 놀이시간'을 그리워할 날이 곧 올지도 모른다. 그래서 이 시간이 더 소중하다.

최근에는 오목에 재미를 붙였다.

## 20:40

치울 시간이다!
'1종류 1상자' 수납이라서 아이들도 쉽게 제자리에 돌려놓을 수 있다. @ 아이들 공간

집어넣기만 하면 OK!

장난감은 1종류를 1상자에 집어넣으면 된다.

생활용품

아이들용품

선반과 커튼으로 만든 통칭 '정보 스테이션'.
생활에 필요한 것은 모두 한곳에 집중 수납해둔다.

"신난다, 오늘 우노 게임은 내가 이겼다!" 한바탕 놀고 나면 슬슬 잠자리에 들 시간이다.

"준비~시작!" 하고 말하면서 나는 테이블 위에 놓인 컵이나 바닥에 떨어진 물건을 회수하고 아이들은 장난감을 열심히 치운다. 게임용 카드는 비닐봉지에 넣어서 이름표가 붙어 있는 곳에 집어넣는다.

완벽하게 치운다기보다는, 적어도 '아빠가 집에 돌아왔을 때 기분 좋게 하자'는 것이 기본생각이다. 일을 끝내고 집에 왔을 때 거실이 어질러져 있으면 쉴 수가 없지 않은가? 그리고 아이들에게 일방적으로 '치워라!'라고 지시하지 않고 나도 함께 치우도록 노력한다.

'치운다'는 것은 집안을 깨끗이 하려는 데 목적이 있는 것이 아니다. "오늘 제자리에 돌려놓으면 내일 놀기 편하다"는 말이 아이들에게 효과가 있었던 것 같다. 그것은 나에게도 해당하는 말이기도 하다. "오늘 물건을 제자리에 돌려놓으면 내일 일하기 편하다."

CHAPTER 1 아이들 스스로 할 수 있어요! 우리 집의 하루

가족 도서관에서
아이가 선택한 책
한 권을

🌙 **21:00**

안녕히 주무세요!
가족 도서관에서 잠자기 전에 읽을
그림책을 고른다. @침실

아이들이 가족 도서관에서 책을 한 권씩 골라 침실로 간다.

우리 아이들은 자기 전에 각자 좋아하는 그림책을 한 권 씩 읽는 습관이 있다.

아들은 벌레도감이나 동물 생태에 관한 책, 딸은 동화책을 좋아하는데 그림책에서 나도 몰랐던 세계를 많이 배우곤 한다. 책을 다 읽고 전등을 끄면 '오늘의 좋았던 일'을 차례로 이야기하는 시간이다. "오늘은 모두 같이 공원에 갈 수 있어서 즐거웠다" "치킨이 반찬으로 나와서 기뻤다" 등등……. 아이들이 더 어렸을 때는 "엄마가 설거지를 잘했다"라고 아이들에게 칭찬받는 날도 있었다(웃음). 물론 내 차례도 돌아온다. 내가 "손님에게 고맙다는 말을 들어서 기뻤다"라고 말하면 "흐~음, 왜 고맙다는 말을 들었어요?" 하고 이야기꽃을 피우기도 한다.

어느 고객으로부터 잠자기 전에 아이들과 "오늘의 좋았던 일을 이야기한다"는 말을 듣고 해보았는데 효과는 대만족이다.

칫솔은 거울에 붙여서 아이들도 집기 쉽게 했다.

매트리스를 깔고 네 식구가 함께 잔다. 읽은 책은 침대 머리를 대신한 와인 상자에 꽂는다.

CHAPTER 1 아이들 스스로 할 수 있어요! 우리 집의 하루

> 칼럼 1

# '쾌와 불쾌'를 안다는 것

아이들이 세 살 반 정도 되었을 무렵, 어린이집 선생님으로부터 올해 교육 테마는 '쾌와 불쾌를 아는 것'이라는 말을 들었다.

가령 콧물이 흐르면 잘 닦아야 한다. 이것은 당연한 일 같지만 교육적으로 매우 중요한 일이라고 했다. '콧물이 나서 기분 나쁘다 → 티슈로 닦으면 개운해서 기분이 좋다'.

이것을 반복함으로써 아이들은 '쾌=개운해서 기분 좋다, 불쾌=콧물이 흘러 기분 나쁘다'를 알게 된다. 콧물이 계속 흐르는 채로 돌아다니는 일이 없게 해야 한다. 그렇게 기분 나쁜 상태가 계속되면 그것을 당연하게 여길 수 있기 때문이다.

선생님의 말을 듣고 집안을 치우는 것도 마찬가지라는 생각이 들었다. 항상 엉망진창인 상태가 일상이 되어 상쾌하고 깨끗한 상태를 모른다면 그 아이는 그것을 불쾌하게 여기지 못하고 당연시 여기며 자라게 된다.

아이들이 어지르는 것은 당연하다. 하지만 그것을 그대로 두지 말고 늦어도 잠자리에 들기 전까지는 정리를 한다든지, 매일은 어렵더라도 최소한 주말에는 치운다는 마음가짐이 필요하다.

아이들이 너무 어려서 스스로 치울 수 없을지라도 부모가 깔끔하게 치우려고 노력하는 모습은 보여줄 수 있지 않을까?

**CHAPTER 2**

자연스럽게 치우고 싶어지는 시스템을 연구하자!
# 우리 집의 공간 만들기

종이접기 삼매경!

아이들이 자기 일은 자연스럽게 스스로 하도록 유도하는 시스템을 만들려고 노력해온 우리 집.
온 집안이 그렇게 되면 바랄 것이 없겠지만 일단은 아이 생활의 바탕이 되는
'장난감 공간'과 '몸치장 공간' 두 곳에서부터 시작해보면 어떨까?
늘 변화와 발전을 거듭하는 우리 집.
이번 장에서는 아이들이 태어나서 여섯 살이 되기까지 우리 집의 변화과정을 소개한다.
아직 어린 자녀를 둔 부모들도 '아이가 성장하면 이런 것이 필요하겠구나' 하고
자녀의 나이에 맞추어 정리 시스템을 계획할 때
참고가 되었으면 좋겠다.

아이 스스로 하려는 마음을 소중히 한다
# 공간 만들기의 원칙

물건을 제대로 정리하고 집안을 깔끔하게 치우려는 목적보다 아이 스스로 하려는 마음을 소중히 하고 자기 일은 스스로 할 수 있는 환경을 만들어주고 싶은 마음이 더 컸다. 그렇게 하기 위해 내가 늘 염두에 두고 있는 공간 만들기의 원칙을 소개하고자 한다.

**기본 원칙**

## 공공장소를 참고한다!

나는 예전부터 진료차트가 정돈되어 있는 병원의 책장이나 가지런히 색인이 붙어있는 학교의 서랍을 보면 기분이 좋았다. 공공장소에는 처음 그곳을 방문한 사람일지라도 어떤 사람이든, 어디에 무엇이 있는지 한눈에 알아볼 수 있는 시스템이 갖추어져 있다.

요즘에는 ==유치원이나 어린이집이 나의 가장 좋은 참고서다.== 집에서는 잘 못 치우는 아이도 유치원이나 어린이집에서는 수건을 정해진 공간에 걸거나 가방을 자기 사물함에 집어넣는 등 자연스럽게 정리정돈을 한다.

아이들이 그렇게 할 수 있는 것은 선생님의 눈을 의식해서이기도 하지만, 그보다 더 중요한 이유가 있다. 바로 ==유치원이나 어린이집은 아이들이 스스로 할 수 있도록 시스템을 잘 갖추어놓은 교육현장==이기 때문이다. 정리정돈 시스템을 갖추고자 한다면 이런 좋은 모델을 참고하지 않을 수 없다.

그래서 아이들을 데리러갈 때나 참관 수업 때는 어린이집 구석구석을 눈여겨 보곤 한다. 어린이집의 배치와 시스템은 아이들 손이 닿는 곳에, 그리고 누구든지 사용하기 편하도록 선생님들이 연구하고 배려한 결과이기 때문이다.

이런 시스템을 가정에도 적절히 도입하면 어떤 성격의 아이들이든 꺼내 쓰기 쉽고, 집어넣기 쉬워서 자기 일은 스스로 할 수 있는 환경을 만들 수 있다.

### 원칙 1
## 아이가 관리할 수 있는 만큼의 양을 준비한다

우리 쌍둥이가 다니는 어린이집에서는 세 살까지 부모가 관리하는 서랍을 하나씩 준다. 50cm 폭의 이 서랍에 여벌의 옷과 기저귀 등을 많이 넣어둔다. 매일 아침 등원 시 부모가 준비해놓고 여벌이 없어지면 보충해둔다.

그 후 네 살 반에 올라갈 시점에서 깊이 20cm의 바구니 하나에 갈아입을 옷을 넣어둔다. 이는 아이들이 스스로 관리할 수 있는 범위가 '작은 바구니 하나'이기 때문이라고 한다. '옳거니!' 하는 생각이 들어 그 후 우리 집에서도 같은 크기의 바구니에 평소 입는 옷가지를 수납하기로 했다.

많은 종류 가운데 '하나를 선택한다'는 행위가 아이들에게 쉬운 일은 아니다. 그런데 수납어드바이스 일을 하러 나가보면 깊고 큼지막한 서랍에 아이의 옷이 가득 채워져 있는 경우가 있다. 그럴 때는 아이가 관리할 수 있도록 요즘 자주 입는 옷가지만 골라 작은 서랍에 넣어둠으로써 아이들이 스스로 관리할 수 있도록 바꾼다.

원칙 2
## 한 번의 동작으로 끝낼 수 있도록

어린이집에는 문이 있는 수납장이 거의 없다. 물건을 꺼낼 때 '문을 연다'→ '바구니를 꺼낸다'는 식으로 두 가지 동작을 해야 한다면 아이 입장에서는 장난감이 보이지 않아 물건 꺼내기가 어려운 일이 될 수밖에 없다. 게다가 이렇게 하면 결국 치우기도 힘들어서 어느새 장난감이 여기저기 나뒹굴게 된다.

우리 집은 아이들 공간에는 문이 있는 가구가 하나도 없다. 문을 열지 않고 서랍을 열지 않아도 한 번의 동작으로 장난감을 꺼낼 수 있고 집어넣을 수 있는 수납공간을 만들었다. 몇 가지 동작을 해야 한다면 그만큼 아이들에게는 어려운 과제가 되기 때문이다. 치우는 것을 귀찮게 여기지 않도록 꺼내고 수납하는 것이 최소한의 동작으로 이루어지게 하는 것이 중요하다.

이미 문이 달린 가구를 구입했다면 아이들이 어릴 때는 문을 일시적으로 떼어서 붙박이장이나 침대 밑에 넣어두면 어떨까? 인테리어는 잠시 접어두고 아이들이 스스로 할 수 있는 시스템을 만드는 것을 우선으로 한다.

**원칙 3**
## 언제든지 자유롭게 수납할 수 있게

아이는 매일 성장한다. 걸음마를 못할 때는 큰 인형이나 블록만 가지고 놀았는데 걷기 시작해 행동반경이 넓어지자 어느새 여기저기 손이 닿아서 장난감 크기도 점점 작아진다. 그때마다 인형용 바구니, 블록용 바구니 등 그 물건밖에 넣을 수 없는 전용가구를 사는 것은 아깝지 않은가?

처음에 구입할 때 성장에 맞추어 오랫동안 쓸 수 있는 가구를 선택하면 낭비하는 일도 없고 아이들에게 물건을 잘 활용하는 모습도 보여줄 수 있다.

다양하게 활용할 수 있는 오픈형 상자나 큼직한 바구니 같은 단순한 물건이 결국은 가장 자주 사용하는 아이템이다.

전체가 연결되어 있지 않고 각각 분리되어 서로 포개놓아도 되고 옆으로 나란히 놓아도 되는 수납용 가구가 성장하는 아이들의 생활패턴에 맞게 바꿔 쓸 수 있어 유용하다.

\ 자, 실제로 해보자! /
## 아이들 공간 만들기

거실 한쪽 구석을 아이들 전용공간으로 만든다.
놀기 편하고 치우기 편한 것을 기본원칙으로 하고
어른들에게도 기분 좋은 공간이 되도록 했다.

## 이렇게 사용해왔다!
# 연령별 아이들 공간 아이템 소개

## 1세~

**오픈 상자**
폭90×안길이35×높이35cm의 오픈상자가 우리 집에는 네 개 있다. 하나의 아이템을 포개기도 하고 펼치기도 해서 아이의 성장이나 흥미에 맞게 블록처럼 모양을 바꾸어 사용하고 있다.

**색색깔 바구니**
당시 1000냥 하우스에서 구입. 처음에는 턱받이나 수건을 넣어두었지만 여섯 살이 된 지금은 아이들 빨래바구니로 사용한다.

**깊은 종이상자**
인터넷 쇼핑을 했더니 비행기 그림이 그려진 종이상자에 담겨 배달되었다. 큰 장난감 수납에 사용한다. 단, 종이상자만은 판매하지 않는다./크고 작은 상자 있음/ KILAT★(킬라트)

## 2세~

**그림책꽂이**
오픈상자와 같은 사이즈로 주문했다./키노 누쿠모리관

**어린이 의자**
포개놓을 수 있다. 내추럴한 색도 있음
2,700엔/KATOJI(카토지)

---
계속해서 사용 중

## 4세~

### 얕은 상자
폭19×안길이|36×높이|13.5cm
당시 1000냥 하우스에서 구입
라벨을 붙여서 장난감 박스로 사용

### 큰 상자

당시 베르메종에서 구입.
현재는 절판.

### 소꿉장난 부엌

홈 센터에서 부품을 찾아 직접 제작.
합계 겨우 2,000엔!

### 그림책 수납 상자

크라프트 상자로 그림책이
넘어지지 않도록
제작했다.(63쪽 참조)

--- 계속해서 사용 중 ---

## 6세~

### 책상
상판과 다리를 조립해서 제작(62쪽 참조)
상판/110×50cm

### 문구용품 선반

얇은 모양의 서랍식 폴리프
로필렌 케이스/800엔/무인
양품(無印良品)

### 종이 수납선반

크비슬레(KVISSLE) 서류(우편물)
함 화이트/폭32×안길이|25×높이
32cm/2,499엔/이케아

### my 바구니

당시 베르메종에서 구입.
현재는 절판.

### 어린이 의자

치코라체어/3,218엔/KATOJI

--- 계속해서 사용 중 ---

CHAPTER 2 자연스럽게 치우고 싶어지는 시스템을 연구하자! 우리 집의 공간 만들기　53

\ 실제로 해보자! /

# 1 세~ 기어다니는 시기

정리교육은 깨끗한 상태를 보여주는 것에서부터 시작된다!
어떻게 하면 엄마인 내가 가장 효율적으로 치울 수 있을지를 최우선으로 했다

**축하용품**
아이의 손이 닿지 않는 곳에 출산 축하선물로 받은 물건을 장식했다.

**수건과 턱받이 바구니**
색깔과 모양이 예쁘면서 튼튼한 1000냥 하우스의 바구니

**오픈상자**
2단으로 겹치고 2개를 나란히

**잡동사니 상자**
KILAT의 종이상자에 장난감을 얼마든지 수납할 수 있다.

**바닥**
방음과 위험방지를 위해 바닥에 코르크매트를 깔았다.

**소파 다리제거**
소파 다리를 떼어내서 장난감이 소파 밑으로 들어가는 것을 막는다.

54  정리교육, 지금 시작합니다

**① 임시 빨래바구니  ② 안 쓴 수건  ③ 안 쓴 턱받이**

침을 많이 흘리는 두 아이를 위해 매일 15장이나 갈아주던 턱받이와 수건. 매번 세탁실 빨래바구니까지 가지고 가기가 귀찮아서 아이들 공간에 '임시 빨래바구니'에 넣어두었다가 잠자기 전 한꺼번에 세탁기로.

오픈 상자를 잡고 선 두 아이

면봉이나 크림 같은 베이비용품은 손잡이가 달린 바구니에 모아둠. 지금은 내 화장품을 담아두었다.

안 쓴 기저귀 바구니

기저귀를 갈 때 필요한 용품을 모아둔 바구니

기저귀를 갈 때는 위의 바구니를 통째로 들고 이동한다. 이 바구니를 가지고 다니면 여러 번 왔다 갔다 하지 않고 모든 것을 한번에 할 수 있다. 사실 이 바구니는 30년 전에 우리 어머니가 내 기저귀를 담아두었던 것이다.

쌍둥이가 태어났을 때는 지은 지 25년 된 임대아파트에 살고 있었다. 거실에서 이어지는 약 9.92㎡(약 3평) 크기의 방을 아이들 공간으로 만들고 신혼 때 티테이블로 사용하던 목제 오픈상자를 조립해서 공간을 꾸몄다.

또한 아직 아이들이 누워 지내던 시기에는 출산 축하선물로 받은 신발이나 아기 옷을 장식하거나 아이의 성장에 도움을 주는 다양하고 선명한 색의 물건들을 일부러 사다 놓았다. 첫 육아가 쌍둥이라서 힘든 날도 있었지만 돌이켜보면 즐거운 추억도 정말 많았다. 이 무렵에 아이들은 너무 어려서 당연히 정리를 못하고, 내 자신이 정돈된 모습을 보여주는 것을 목표로 삼았다.

\ 실제로 해보자! /

# 2 세~ 아장아장 걷는 시기

걸음마를 시작하면서 행동범위 확대! 물건을 집어던지는 것도 좋아할 때나.
쏙쏙 던져넣기만 하면 되니 정리도 쉽지?

**장식물**
손이 닿지 않는 곳이면 OK!

**그림책꽂이**
오픈 상자에 맞추어 세미오더*
* semiorder, 기성과 맞춤의 중간

**오픈 상자**
3단으로 쌓아 수납공간 확대

**장난감**
좋아하는 장난감은 아이의 손이 닿는 곳에

아기침대를 해체해서 텔레비전 보호망으로 활용했다. 아이들을 보호망에 가두는 것이 아니라 반대로 위험한 물건을 보호망에 넣었다.

두 살 무렵에는 장난감이 크므로 종류별로 나눌 필요는 없다. 그냥 하나의 상자에 집어넣기만 하면 OK!

그림책을 자꾸 찢던 이 무렵. 찢어진 그림책은 모아두었다가 시간이 있을 때 "이 그림책은 어느 것?" 하며 퀴즈를 내서 아이와 함께 책을 수리했다.

책꽂이에 꽂혀 있으면 아이들이 스스로 책을 고르지 못하므로 표지가 보이는 형태가 좋다. 이런 책꽂이는 책을 집기도 쉽다.

    아장아장 걷기 시작한 두 아이. 돌 전에는 오픈 상자에 장난감을 죽 늘어놓았지만, 스스로 책을 꺼내 읽을 수 있게 되자 책의 크기에 맞추어 세미오더한 책꽂이를 함께 놓았다. 똑같은 가구를 아이의 성장에 맞추어 이리저리 사용한다. 이는 경제적이기도 하지만 엄마인 내가 생활 속에서 늘 연구하는 모습을 아이들에게 보여주고 싶은 마음이 반영된 결과이기도 하다.

    돌이 지나자 장난감을 던지면서 놀기 시작했다. 그때를 놓칠세라 장난감이 어질러지면 "이 상자 안에 함께 쏙 집어넣자!" 하며 큰 종이 상자에 넣게 했다. 그런 다음에는 "기분 좋지?" 하고 말해주었다. 또한 기저귀를 스스로 쓰레기통에 쏙 넣고 오면 곧바로 칭찬해주었다. 두 살밖에 안 된 아기라도 놀면서 정리할 수 있는 방법은 얼마든지 있다.

\ 실제로 해보자! /

# 4 세~ 어린이집 초반기

외출이 잦아지면서 손놀림도 향상되고 노는 방식도 변화한다.
이전보다 더 작은 장난감을 가지고 '흉내 내기 놀이'를 하기 시작했다.

**수제 깃발**

**벽에 포인트를**
아이들의 가구는 낮으므로 밋밋한 벽에 포인트를 준다. 무인양품에서 구입한 벽에 붙일 수 있는 가구 시리즈.

**장난감 상자**
오픈 상자 두 개를 세로로 나란히 겹쳐서 1종류 1상자 원칙으로 수납했다.(64쪽 참조)

**소꿉장난 부엌**
오픈 상자 위에 직접 제작한 소꿉장난 부엌을 올려놓았다.

**큰 장난감 수납**
소꿉장난 도구, 길쭉길쭉한 큰 물건은 한꺼번에 바구니에 넣는다.

58 정리교육, 지금 시작합니다

폭 90 × 안길이 35 × 높이 35cm

## 하나의 오픈 상자로

포개거나 나란히 놓아
여러 가지 용도로
사용할 수 있다!

**소꿉장난 부엌**
손수 제작한 소꿉장난 도구를 얹어서 부엌처럼 쓰고, 뚫린 부분에는 바구니를 수납.

**색칠 테이블**
의자와 같이 놔두면 테이블로도 쓸 수 있다. 네 살까지는 이 정도의 공간이면 충분히 그림을 그릴 수 있었다.

**전자피아노 받침**
가끔 피아노를 칠 때도 받침대로 활용.

**손님용 테이블**
아래 공간이 있어서 계산대로도 사용할 수 있다. 친구가 놀러오면 슈퍼마켓 계산대로 만들어 시장보기 놀이도 하고 패스트푸드 가게 놀이도 한다.

우리 가족은 2년 전에 3LDK아파트로 이사했다. 거실에서 이어지는 900×450cm 정도의 공간을 아이들 공간으로 꾸몄다. 이번에는 나무 바닥에 타일 카펫을 깔고 오픈 상자를 여기저기 놓기로 했다. 커튼을 달아 생활에 필요한 서류나 도구를 수납할 공간을 만들다보니 아이들 공간도 그만큼 줄어들었다.

이제 큰 장난감을 졸업하고 블록이나 레고도 크기가 작아졌다. 그래서 여러 종류를 '1종류씩 담아 놓기' = '1종류 1상자' 원칙으로 따로따로 들고 다닐 수 있게 만들었다. 그리고 어린이집과 마찬가지로 사진 라벨을 붙여서 어디에 무엇이 있는지 한눈에 알 수 있게 수납했다.

# 6 세~ 어린이집 중반기

**실제로 해보자!**

종이접기, 그림그리기, 놀이방식도 사뭇 어른스러워진다.
작은 문구용품이 늘어나므로 놀이방식의 변화에 맞추어 정리하기 쉽게!

**정보 스테이션**
장난감과 문구류는 아이들의 손이 미치는 아랫부분에 주로 수납

**my 바구니**
각자의 바구니를 만들어 작은 소품을 수납.

**자유롭게 조립할 수 있는 책상**
상판과 다리를 맞추어서 직접 제작했다.(62쪽 참조)

**가족 도서관**
오픈 상자와 책꽂이를 조합해서 가족 모두의 도서관을.(63쪽 참조)

서류는
이케아 크비슬레의
서류 정리함에

그림도구 상자.
다 그린 것은
여기에

종이접기 상자

정보 스테이션 아래 아이들 물건이 가득.
좌우를 두 아이가 각각 나누어 사용한다.

**문구류 수납상자**

앞으로 사용할 색종이, 스티커, 이면지 등 작은 종잇조각이나 문구류도 마찬가지로 1종류 1상자로 서랍에 수납하고 쉽게 꺼낼 수 있는 상자에 모두 넣어둔다.
아이들과 의논하면서 어디에 놓으면 꺼내기 좋을지, 위치를 정하는 것도 중요하다.

색종이
스티커
이면지
문구류

서랍째 운반할 수 있다.

**종이접기 상자**

종이접기 한 것은 어린이집에서 색종이를 넣는 데 쓰는 상자와 같은 것을 구입해서 사용하고 있다. 어린이집에서는 종이접기 할 때 하루 2장까지 쓸 수 있다. 그렇다 보니 접은 것을 펼쳐서 여러 번 사용하기도 한다. 우리 집에서도 마찬가지로. 한 번 접었던 종이를 펼쳐서 재생 종이접기를 실천하고 있다.

아들 전용 / 딸 전용

**my 바구니**

한 사람에 하나씩 my 바구니를 사용한다. 여기에 '나만의 물건'을 넣어둔다. 여섯 살이 되면서 자신의 물건을 스스로 관리하고 싶어하는 시기가 왔다. 다른 사람과 함께 쓰지 않는 '나만의 물건'을 꿈꾸는 모양이다.

### 아이들 책상

여섯 살이 되면서 둘이 함께 사용하는 공동 공간보다 각자의 공간을 원하기 시작했다. 이제 각자의 공부 책상을 사야 하나 고민을 많이 했지만 아무래도 공부 책상은 아직 몸집이 작은 아이들에게 이르다는 생각이 들었다(72~73쪽 가족회의 리포트 참조).

그래서 공부 책상 대신 110×50cm의 판자와 짧은 다리 4개를 조립한 낮은 책상을 직접 제작했다. 벽에 붙여서 써도 되고, 서로 마주보고 앉는 큰 책상으로 활용해도 된다. 언젠가 70cm의 다리를 붙여서 공부 책상으로 쓸 예정이다.

위와 같이 서로 마주보게 앉을 때도 있다.

**상판** 110×50cm로 절단

**다리** 인터넷 검색으로 구입

**어린이 의자**
치콜라체어/
3,218엔/KATOJI

**가족 도서관**

아이들이 대여섯 살이 되면서부터 TV 뉴스를 보다가도 "인도코끼리는 인도에 살아요? 그럼 일본에 있는 코끼리는 일본코끼리인가?"처럼 대답하기 어려운 질문을 쏟아내기 시작했다.

원래 아이들 공간 안쪽에 있던 책들을 거실 중심으로 옮겨 가족 도서관을 만들고, 남편과 내가 읽고 싶은 책도 함께 넣어두기로 했다.

아이패드나 신문도 가족 도서관에 진열해두었다. "어른들이 관심 있는 것에 대해 아이들도 안다 → 공통의 화제가 된다"라는 말을 어디선가 들은 적이 있기 때문이다. 그러고 보면 나 역시 집에 있던 어머니의 인테리어 책을 독파한 결과 오늘의 내가 된 것 같다.

그림책이 옆으로 쓰러지는 것을 막기 위해 높이가 책의 절반 정도 되는 상자를 이용해서 수납. 책을 종류대로 분리하지는 않았다.

아이들이 스스로 치운다!

\ 아이들이 찾기 쉽고 치우기 쉽게 /
## '1종류 1상자' 장난감 수납

12개의 흰 상자를 쭉 늘어놓고 한 가지 장난감을 한 상자에 넣었다.

추천 합니다!

······ 오픈 상자

······ 라벨
(설명은 66~67쪽에)

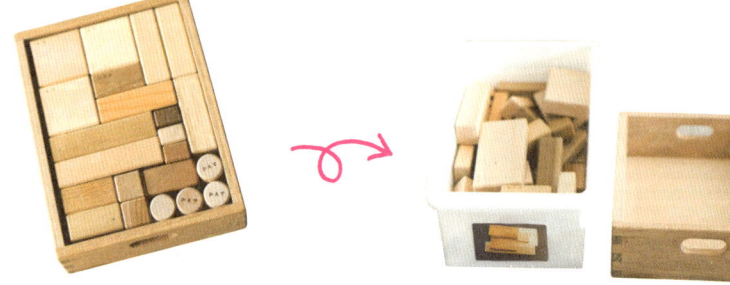

블록을 원래 상자에 집어넣은 모습. 매번 아이들도 어른도 이렇게 깔끔하게 정리하기는 힘들다.

원래 나무로 된 블록 상자에서 블록을 꺼내 플라스틱 상자에 담고 남은 나무 상자는 소꿉놀이에 쓴다.

## '1종류 1상자'의 장점

| | | |
|---|---|---|
| **1** | **들고 다닐 수 있다** | 아이들은 장난감을 한 곳에서 가지고 노는 법이 없다. 거실이나 침실에도 가지고 가서 놀곤 한다. 그럴 때 서랍이 가구 본체에 고정되어 있으면 하나하나 장난감을 손으로 들고 날라야 해서 불편하다. 그러나 이렇게 하면 상자째 원하는 곳에 들고 다닐 수 있다. |
| **2** | **놀기 쉽고 치우기도 쉽다** | 문도 없고 뚜껑도 없는 수납방식이다. 그래서 그냥 한눈에 뭐가 들어 있는지 알 수 있다. 아이들이 놀고 싶은 장난감을 쉽게 찾을 수 있고 또한 장난감을 제자리에 돌려놓을 때도 집어넣기만 하면 되는 한 동작이어서 편하다. |
| **3** | **다양한 놀이를 즐길 수 있다** | 플라스틱 블록은 그것 전용의 녹색상자, 나무 블록은 그것 전용의 나무상자에 넣었을 때는 각각 그 장난감만 가지고 놀았지만 두 가지를 같은 상자로 옮긴 후로는 아이들에게 서로 다른 장난감도 '같은 장난감'이라는 인식이 생긴 것 같다. 플라스틱 블록과 나무 블록을 조합해서 집을 만들기도 하고 더 다양한 놀이를 즐기는 모습을 볼 수 있다. |
| **4** | **대충해도 된다** | 몇 가지의 장난감을 하나의 큰 서랍에 수납했다면 그 가운데서 또 나누어야 한다. 하지만 1종류 1상자에 수납하면 그 하나의 상자에는 같은 종류만 들어 있어서 대충 집어넣어도 된다. 나란히 정리하거나 나눌 필요가 없어서 아이들이 정리하기도 편하다. |

### Point
### 잡동사니 상자를 만들자

1종류 1상자라고 해도 분류하기 힘든 물건이 있게 마련이다. 예를 들면 공짜로 따라오는 장난감이나 돌, 도토리 등이 있다. 이때 '고민되면 여기에 넣기!'라고 정해놓은 '잡동사니 상자'를 만들어두면 편하다. 단, 이런 상자는 하나로 충분하므로 불필요하게 상자 수를 늘리지 말자.

# 아이들이 쉽게 찾을 수 있는
# 라벨 만들기

조금 귀찮지만 한 번의 수고로 아이들도 어른도 사용하기 쉽고 정리하기 쉬운 시스템이 완성된다.
아이들이 다니는 어린이집에서 사진을 라벨로 사용하는 것을 알고 난 후,
우리 집에서도 시도해보았다.
다만 교체하기 쉽도록 붙이고 뗄 수 있게 만든 것은 나만의 아이디어다.

### 준비물

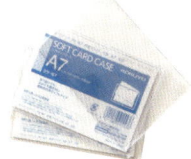

**투명한 카드 케이스**
코쿠요 클리어 카드 케이스 연질타입 염
화비닐 A7/154엔/코쿠요(문구류 브랜드)

**양면테이프**
10mm×20mm 커터 부착
181엔

**얇은 상자**
1000냥 하우스에서 구입/
폭19×안길이36×높이13.5cm
(96쪽에서 다른 참고 상품도 소개한다)

**①** 휴대폰이나 카메라로 장난감을 한 종류씩 촬영.

/4등분/

**②** 인쇄해서 2등분이나 4등분으로 잘라서 사용.

/2등분/

**③** 카드 케이스를 양면테이프로 상자에 붙인다.

**④** 사진을 카드 케이스에 꽂는다.

**❺** \완성!/

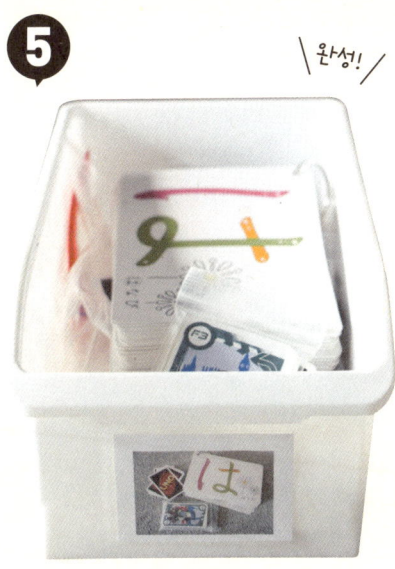

## 사진 촬영이나 인쇄가 귀찮으면······

싹둑 싹둑

싹둑 싹둑

장난감 가게의 광고지를 오려 내거나, 장난감 상자에 인쇄되어 있는 사진을 가위로 오려 집어넣어도 된다. 완벽하게 만들려고 하지 말고 그냥 알아보기 쉽게 표시하면 된다.

잘라낸 사진을 꽂아넣으면 완성!

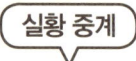

## 장난감 정리 어떻게 하지?

아기 때는 엄마인 내 판단으로 필요한 장난감과 그렇지 않은 장난감을 결정했지만, 아이들이 네 살 정도 되면서부터는 함께 결정했다.
그리고 여섯 살이 된 요즘, 우리 아이들이 어떻게 장난감을 정리하는지 그 실제 상황을 중계해보겠다.

장난감 상자가 가득차면……

### 1
**일단 모두 꺼낸다**

1종류 1상자가 넘쳐나고 있다. 이럴 때는 내가 정리하라고 할 때도 있지만, 아이 스스로 판단해서 정리하기도 한다. 일단은 상자에 들어 있는 것을 뒤집어서 다 꺼내놓는다.

### 2
**필요한 물건,
앞으로 쓸 물건을 상자에 다시 담는다**

아이 스스로 판단해서 '앞으로 쓰고 싶은 물건' '남겨놓고 싶은 물건'을 정한다. 이때 중요한 것은 '필요 없는 물건을 고르는 것'이 아니라, '앞으로 계속 가지고 있고 싶은 것'을 고른다는 점이다.

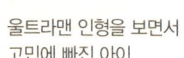

울트라맨 인형을 보면서
고민에 빠진 아이.

## 3
### 정리할 것을 모은다

자, 남겨놓고 싶은 물건을 골라서 상자에 다시 넣고, 나머지는 다른 상자 하나에 모아둔다. 꽤 비쌌던 가면라이더 벨트……. 부모로서는 '잠깐만!' 하고 저지하고 싶은 마음을 꾹 참고 아이에게 이유를 물으니 "이제 새 시리즈가 나왔으니까 이것은 코우짱(사촌)에게 줄 거야"라고 말한다. '그렇구나, 나름대로 정리하는 원칙이 있구나.' 그런 아이의 마음을 존중해주려고 부모인 나도 노력 중이다.

아들이 스스로 '물려주기'로 정한 장난감

## 4
### 물려줄 것 → 물려주는 상자에
### 재활용할 것 → 재활용 가게에

필요 없는 장난감이나 입지 못하는 옷을 나이 어린 사촌에게 물려주기 위해 상자에 모아둔다. 이름 하여 '물려주는 상자'. 또한 재활용할 수 있는 물건은 아이들과 함께 재활용 가게에 가져다주기도 한다(115쪽 참조). 버리는 것은 아깝지만 다른 사람이 유용하게 쓸 것이라고 생각하면 결심이 서는 모양이다.

## 5
### 상자를 제자리에 돌려놓는다

여기까지 소요시간은 5분 정도로 이렇게 상자 하나를 정리하는 것은 눈 깜짝할 사이에 끝난다. 하루 종일 장난감 정리에 시간을 투자하려고 하지 말고 장난감 상자가 가득차면 그때그때 하나씩 정리해보자.

# 가족회의
# Report

**1**

가족생활의 변화에 맞추어 시스템도 계속 바꿔나가는 우리 집. 그래서 평소에 어떤 가구를 사고, 어떻게 재배치하는지 소개한다.

## ① 하루는 욕실에서 이런 일이 있었다 화나는 일의 연속……

빨래바구니 안이 텅텅 비었는데도 남편은 그 위에 툭 얹어놓기 일쑤. 벗은 양말이나 팬티가 종종 욕실 바닥에 굴러다니기도.

> 벗은 팬티가 바닥에 굴러다닐 때도!

**나** "왜 빨랫감을 바구니에 제대로 넣지 않는 거야?"

## ② 가족에게 이유를 물어보았다
(아이들에게도!)

**나** "왜 바닥에 그냥 놔두는 거지?"
**남편** "그게……. 빨래바구니 입구가 좁아서 잘 안 들어가. 그래서 위에라도 올려놓으려고 했는데 자꾸 떨어지잖아."
**나** "그래? 몰랐네……. 나는 일부러 바닥에 던져놓는다고 생각했어."

나도 바구니 하나로는 작다고 생각했는데……. 이유를 알았으니 개선하자!

> '입구가 좁아서 잘 안 들어갔다' 는 얘기

## ③ 해결책을 모두 함께 강구한다

'빨래바구니에 넣기 쉽다' '분별 빨래바구니'라고 인터넷으로 검색해보고 생활환경이 비슷한 친구에게 물어본 결과,

그래! 💡 입구가 넓은 것을 설치해 빨래를 넣기 쉽게 하자!

## ④ 지금 집에 있는 것으로 '임시 설치'해본다
→ 크기를 제대로 재서 구입

우리 가족은 늘 구입하기 전에 집에 있는 것으로 가상 설치를 해본다.
이렇게 해보면 이미지가 확실해지고 '역시 안 사길 잘했다'거나
'그래 이렇게 하자!' 하고 판단할 수 있다.
이번에는 손잡이 달린 바구니를 두 개 놓고 실험해보니,
역시 편리한 것 같아 정식으로 구입하기로 했다.

## ⑤ 가족에게 알린다!!

설치했습니다!

나 "새로운 바구니가 왔어요!"
남편 + 아이들 "이거라면 넣기 쉽겠다."

이것이라면 집어넣기 쉽지

건조기 사용 가능 빨래!
건조기 사용 불가능 빨래!

가족이 함께 사는 집이므로 규칙은 엄마 혼자가 아니라 온 가족이 함께 만들어간다.

CHAPTER 2 자연스럽게 치우고 싶어지는 시스템을 연구하자! 우리 집의 공간 만들기

# 가족회의
# Report

**2**

### ① 

어느 날 이런 일이…
**테이블에서 그림을 그리고 있던 아이들끼리 싸움 발생!**
이유를 물어본다

- **나** "왜들 싸우니?"
- **아이** "그림 그리고 있는데 얘가 치잖아!"
- **나** '그렇구나. 이제 아이들에게 테이블이 작은가?'
- **아이** "내 책상 갖고 싶어."

### ②

**가족과 함께 해결책을 찾는다**

- **남편** "이왕 살 거면 학생용 책상을 사서 앞으로도 계속 쓰는 게 좋지 않을까?"
- **나** "음……. 그래도 아직 키가 1m밖에 안되는데 높이가 낮은 책상이 좋을 것 같은데?"
- **아이** "그림을 마음껏 그릴 수 있는 넓은 책상이 좋아."

가족들에게 의견을 물어보기도 하고 '쌍둥이 책상' '여섯 살 책상'으로 인터넷 검색을 해보기도 한다.

## ③ 집에 있는 물건으로 임시 설치해보았다!

**임시설치 A형**
원래 집에 있던 오픈 상자를 두 개 배치해보았다.

아이들도 마음에 드는 모양이다.
그래도 안길이는 좁아 보인다.

**임시설치 B형**
거실에 있는 높은 책상을 설치해보았다.

의자를 꺼내는 게 귀찮은지 잘 앉지 않는다.

역시 이쪽!
높이는 낮고 안길이는
깊은 것을 준비하자!

이렇게 임시로 설치해보면 좋은 점과 나쁜 점,
문제점 같은 여러 가지를 파악할 수 있다.

## ④ 결정!!

그러나 좀 더 크면 다시
조립할 수 있는 것으로 하자!

## ⑤

안길이가 깊은 판을
구입해서 아이의
도움을 받아 책상을
두 개 만들었다.
(62쪽 참조)

초등학교 3학년 정도가 되면
다리를 더 높일 예정이다.

CHAPTER 2 자연스럽게 치우고 싶어지는 시스템을 연구하자! 우리 집의 공간 만들기

\ 자, 실제로 해보자 /
# '신변용품 로커' 만들기

욕실의 수납장 일부를 아이들 용품을 수납하는 공간으로 만들고 '신변용품 로커'라고 이름 지었다.

여섯 살인 지금은 이런 느낌이다!

① 코트와 모자를 현관에 있는 바구니에 넣는다.

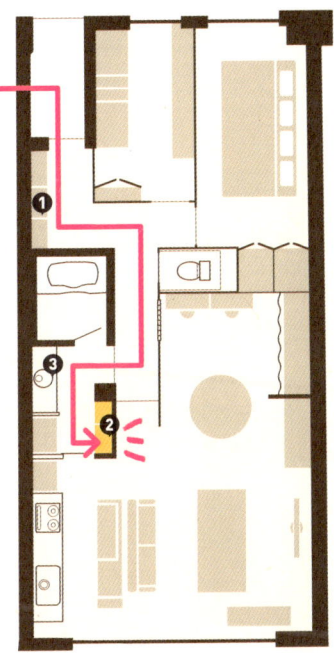

\ 다녀왔습니다 / 에서부터 아이들의 동선

② 로커에 가방을 넣기만 하면 된다.

③ 가방을 넣은 후에 뒤쪽에 있는 세면대에서 손을 씻는다.

    욕실에 배치된 '신변용품 로커'. 여기에는 어린이집에 다니는 아이들이 쓰는 신변용품이 모여 있다. 평소에 입는 옷이나 속옷, 가방도 모두 여기에 정돈한다.
    "다녀왔습니다~."
    아이들은 어린이집에서 돌아온 후 우선 코트와 모자를 현관에 있는 바구니에 넣고 그대로 거실을 지나지 않고 곧장 '신변용품 로커'가 있는 욕실로 향한다. 가방을 선반에 집어넣기만 하면 되기 때문에 아이들도 스트레스를 받지 않는다. 귀가 후 거실을 지나가면 어느새 놀이에 한눈이 팔리기 때문에 그러기 전에 아이들이 자기 물건을 잘 정돈하고 나서 놀 수 있도록 효율적인 동선을 고려해 수납공간을 만들었다.

> ## '신변용품 로커'의 아이템 선택 원칙

### ❶

**다양한 용도로 쓸 수 있는 것을 고른다!**

앞으로 다른 곳에서도 사용할 수 있는 것을 고른다. 한 가지 용도로밖에 쓰지 못하는 아이템은 기본적으로 구입하지 않는다.

### ❷

**포개서 사용할 수 있는 것을 고른다!**

상자나 케이스, 서랍 등은 한 개씩 떨어져 있어서 포개서 사용할 수 있는 것을 고른다. 하나로 붙어 있는 가구는 다양하게 활용할 수 없다.

### ❸

**높이를 조절할 수 있는 것을 고른다!**

높이를 조절할 수 있으면 아이들 성장에 맞추어 바꿔 사용할 수 있다.

\ 이렇게 사용해보았다! /

## 연령별 '신변용품 로커' 아이템 소개

### 1세~

**철제 선반**
옷장은 사지 않고 성장에 맞추어 높이를 조절할 수 있는 선반으로 했다. 메탈 셀프 워드로브/폭91×안길이46×높이183cm/오픈 가격·아이리스오야마(가구 및 침구 브랜드)

**아동복 옷걸이**
세탁소에서 받은 남편의 와이셔츠 옷걸이가 아동복에 딱 맞아서 애용하고 있다.

### 2세~

**포개서 사용할 수 있는 케이스**
1종류 1상자 원칙.
폴리프로필렌 케이스 서랍식/폭26×안길이37×높이17.5cm/1,000엔/무인양품

**바구니(헝겊 딸림)**
당시 베르메종에서 구입했지만 현재는 절판.

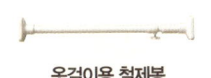

**옷걸이용 철제봉**
50~75cm용

### 4세~

**포개서 사용할 수 있는 케이스 (2개형)**
속옷이나 양말 등을 넣고 이름표를 붙여서 사용한다.
폴리프로필렌 케이스, 서랍식, 깊이가 깊은 형 2개(칸막이 부착)/폭26×안길이37×높이17.5cm/1,500엔/무인양품

**납작한 상자**
컵, 젓가락과 숟가락 통으로.
폴리프로필렌 정리 상자/폭8.5×안길이25.5×높이5cm/160엔/무인양품

\ 실제로 해보자! /

# 1 세~ 엄마가 준비해주는 아기 시기

엄마가 외출이나 목욕 등 아이의 모든 활동을 준비해주는 시기다. 스트레스 없이 꺼낼 수 있는 이때는 엄마인 나에게 효율적인 것이 가장 우선이다. 높이에 주로 아이들의 옷을 걸어놓는다.

**철제 선반**
옷장은 사지 않고 아이의 성장에 맞추어 높이를 조절할 수 있는 선반으로 했다.

**옷걸이용 철제봉**
빨래를 개는 동선을 줄이기 위해 옷걸이에 걸어서 말렸다가 다 마르면 그대로 여기로 옮겨 건다!

**고리**
고리를 달아 옆면도 효과적으로 이용

**1종류 1상자**
양말, 속옷, 바지는 각각 이름표를 붙인 서랍 안에 넣기만 하면 된다.

**엄마 가방**
여기가 내 가방 거는 자리

**플라스틱 서랍**
투명한 서랍 앞쪽을 판으로 막아놓으면 안에 있는 내용물이 가려져 깔끔해 보인다.

**아이들 공간 옆에 있는 옷장**
옷장을 열어 쉽게 옷을 꺼낼 수 있도록

**전용 고리**
철제 선반 전용 고리는 S자 고리와는 비교도 안 될 만큼 편리하다!

**옷장을 살짝 연다**
갈아입을 때나 빨래할 때마다 매번 옷장을 완전히 열지 않아도 되도록 사용빈도가 높은 것은 제일 오른쪽에 넣었다. 이렇게 하면 옷장을 조금만 열어도 자주 사용하는 것을 바로 넣고 꺼낼 수 있다.

    배냇저고리를 입은 모습이 앙증맞고 사랑스러웠던 때가 엊그제 같은데, 어느새 성장해 하루에도 몇 번씩 옷을 갈아입는 아이들. 남편과 나만 살았을 때는 일주일에 두 번 하던 빨래를 지금은 매일 하게 되었다.

    아이들을 계속 관찰하면서 쉽게 손이 닿는 수납장소를 찾다보니 아이들 공간 바로 옆방에 수납하기로 결정했다.

    수납공간에 우선 앞으로도 모양을 바꾸어 쓸 수 있는 철제 선반을 구입해 설치했다. 빨래를 마친 후에는 옷걸이에 걸어 말렸다가 다 마르면 그대로 이 안에 걸어서 수납한다. 한꺼번에 방바닥에 빨랫감을 놓아두면 아이들이 엉망으로 만들기 때문에 개지 않고 그대로 옷걸이에 걸어서 보관하기로 한 것이다.

\ 실제로 해보자! /

# 2 세~ 엄마가 준비하는 어린이집 시작 시기

이사를 한 후에는 욕실에서 최대한 몸치장을 마칠 수 있도록 했다!
나 역시도 귀가 후에 세탁과 아이들의 어린이집 등원 준비를 여기에서
한꺼번에 할 수 있도록 만들었다.

**옷걸이 봉**

**평소의 아이들 옷**

**한 사람당 1종류 1상자 수납**
양말, 속옷 등을 개지 않고 개인별로 수납하기

**남편 파자마**
한 번 입은 파자마는 여기에

**내 파자마**
개지 않고 넣기만 해서 스트레스 없는 수납

**가족의 수건은 모두 여기에**
목욕 수건은 사용하지 않고 얼굴 수건을 10장 준비해서 얼굴도 몸도 이것으로 닦는다.

이사 당시에는 이렇게 8장짜리 문이 붙어 있었지만 과감히 처분했다. 한 동작이라도 줄여서 아이들도 편리하게 생활할 수 있도록 하는 게 더 중요하니까!

**빨래 바구니**

**세탁망**
여기에 넣어둠

\쏙쏙 수납/

**건조기를 최대한 활용!**
세탁기와 서랍이 서로 마주보게 배치되어 있다. 건조 후 세탁기의 문을 엶과 동시에 서랍도 열어서 쏙쏙 집어넣기만 하면 된다. 바쁜 일상을 어떻게든 원활하게 보내고자 이런 방법을 생각하게 되었다. 이것도 1종류 1상자 원칙 덕분!

어린이집 기본 세트는 서랍 안에 넣지 않고 세탁기 위 어린이집 가방에 그대로 넣어두었다

너무 피곤해서 다음날 등원 준비가 어려울 때를 대비해 이틀치 어린이집 가방을 준비해서 교대로 들고 다녔다. 이것으로 마음도 훨씬 가벼워졌다.

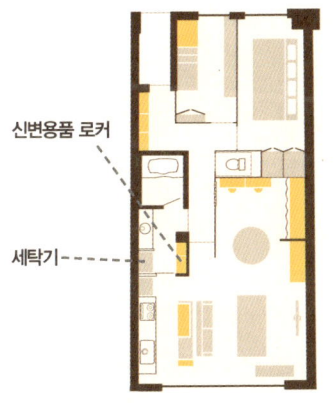

신변용품 로커
세탁기

이 무렵부터 현관에 코트와 모자 상자를 두기 시작했다. 두세 살이라도 상자 안에 집어넣기만 하면 되므로 간단히 할 수 있다.

새집에 이사한 때부터 어린이집에 다니기 시작했다. 그래서 어떻게든 매일 외출 준비를 편하게 하는 시스템을 갖추기로 했다. 열고닫기 힘든 8장짜리 옷장문은 처음부터 떼어내고 한눈에 다 보이는 수납공간을 만들었다.

아이들이 아직 어려서 준비는 내가 해야 한다. 그래서 내가 편하게 활용할 수 있는 수납방식을 최우선으로 생각했다. 옷걸이 봉을 설치하고 서랍은 1종류 1상자 원칙하에 개지 않고 던져넣기만 하는 수납방식이다.

\ 실제로 해보자! /

# 4세~ 스스로 준비하는 시기

어린이집 시스템을 참고하여 개인 로커를 만들었다.
이름 하여 '신변용품 로커'
이런 시스템을 갖추어놓으면 아이들도 자기 일을 스스로 할 수 있다!

**가방 놓는 곳**
걸지 않고 선반에 놓는다.

**내일 쓸 수건**
3장씩만 꺼내놓는다.

평상복은 여기

내일 쓸 젓가락과 컵은 여기에

**1종류 1상자**
개지 않고 쏙쏙 집어넣기만 하면 되므로 아이들도 할 수 있다.

**속옷과 양말**
아이콘 라벨로 아이들도 알기 쉽게.

**파자마 놓는 곳**
벗으면 여기에 넣는다.

아들    딸

개인별로

집어넣기만 하면 되니까 나도 할 수 있어요!

before

**가방 거는 것은 어려워**
처음에는 고리에 가방을 걸게 했지만 아이들에게는 너무 어려웠던 모양이다. 결국 이 방식은 불과 하루 만에 종료……

\after/

**집어넣기만 하면 되므로 간단**
그래서 선반에 집어넣기만 하는 수납으로 바꾸었다. 이렇게 하면 아이들도 꾸준히 할 수 있다.

**준비물 체크 리스트**
로커 옆에 그림으로 된 어린이집 준비물 체크 리스트를 붙이면 빠뜨리지 않고 챙길 수 있다.

**한 번 입은 파자마 수납**
서랍을 열고 닫는 것은 아이들에게는 귀찮은 일이다. 따라서 한 동작으로 끝낼 수 있도록 서랍을 빼서 선반으로 사용하고 있다. 이렇게 하면 그냥 집어넣기만 하면 되므로 아이들도 실천하기 쉽다.

**평상복은 이 정도만**
아이들이 스스로 관리할 수 있는 만큼만 내놓는 것이 원칙이다. 어린이집 개인관리 시스템을 참고해 비슷한 크기의 바구니를 준비했다. 여섯 살 아이라도 상하 각각 네 장씩 있으면 충분하다.

네 살이 되면서 어린이집 가방이 배낭 모양으로 바뀌었는데 그 시기에 맞추어 혼자서도 할 수 있는 수납 시스템으로 완전히 바꾸었다. 시행착오 끝에 어린이집처럼 가방을 집어넣는 방식의 수납을 선택했다.

그리고 수납공간을 좌우로 나누어 아들과 딸의 물건을 각각 넣고 '신변용품 로커'라고 부르기로 했다. '로커'라고 이름을 붙였기 때문에 "로커에서 가지고 와" 하면 아이들도 쉽게 알아들었다. '왜 있잖아, 저 선반 세 번째 오른쪽에 있는……'이라고 하면 어른들도 알아듣기 힘들지 않은가?

## 쉬는 날 아이들 옷은 어디에 수납하지?

우리 집에서는 아이들의 옷을 평일과 휴일로 나누어 수납한다. 현관 바로 옆 방에 가족 모두의 옷을 수납하는 가족 옷장을 설치했다. 그리고 옷장 한쪽에 아이들의 휴일 옷, 철 지난 옷을 보관한다.

평일에는 아이들이 스스로 원하는 옷을 골라 입지만, 주말에는 남편이 선택한다. 우리 가족은 모양이나 색을 맞춰서 코디해 입는 것을 즐긴다. 현재 옷걸이용 철제봉은 어른들이 꺼내기 편한 높이에 설치했지만 얼마 안 있으면 아래로 내릴 예정이다.

## 우리 집 빨래는 이런 식으로 한다! @ 쉬는 날

### 빨래는 개인별로 말린다!

평일의 빨래는 드럼식 건조기로 세탁하고 말리지만 주말에는 베란다에 빨래를 넌다. 그래서 건조기에 넣고 싶지 않은 남편의 와이셔츠나 내 옷, 아이들의 외출복은 일주일에 한 번 모아서 세탁한다. 이때 빨래를 너는 원칙 몇 가지를 소개한다.

 **세탁기에서 꺼내면서 옷걸이에 건다**
세탁이 끝난 옷을 빨래바구니에 넣는 것이 귀찮고 베란다에서 널다보면 추울 때도, 더울 때도 있어서 빨래 널기는 세탁기 앞에서 전부 마친다.

 **가족 개인별로 옷걸이에 건다**
세탁기 위에 아이들 옷을, 세탁기 반대편에 남편의 와이셔츠나 내 옷을 건다.

 **옷걸이를 그대로 베란다에 가지고 간다**
==빨래는 개인별로 나누어서 넌다.== 이때 욕실과 베란다는 한두 번만 왕복하면 된다. 한 번도 거실을 지나지 않는 동선을 원칙으로 한다.

 **다 마르면 각자의 옷장에 옷걸이째로 수납한다**
개인별로 말리는 것의 장점을 최대한 살릴 수 있는 곳이 바로 여기다. 우리 집 옷장은 ==남편, 나, 아이들 세 부분으로 나뉘어== 있어서 각자의 옷걸이를 한꺼번에 집어서 각각의 옷장에 걸기만 하면 된다.

마지막으로 나는 빨래를 개는 것을 귀찮아하는 편이어서 이런 방식을 선택했지만, 세탁방식은 사람마다 다양하다. 그리고 햇볕에 말리고 싶은 사람이 있는가 하면, 무조건 건조기로 말리기를 원하는 사람도 있다. ==자신에게 맞는 '세탁 동선'을 찾아== 쾌적하고 편하게 생활하자!

# 아이콘 라벨 만들기

아이들이 한눈에 알 수 있는

일반적인 엑셀 프로그램으로 간단하게 아이콘 색인을 만들 수 있다!
컴퓨터 종류나 엑셀 버전에 따라 조작방법이 다르지만 일반적인 절차를 소개한다.

**❶** 엑셀 홈 화면에서 '삽입'→'도형'을 선택한다.

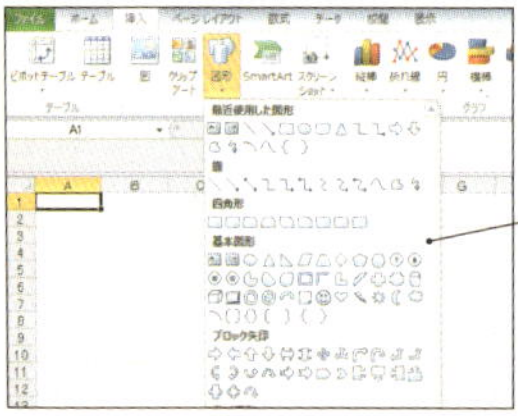

이 도형 중에서 여러 가지 모양을 합쳐서 만든다.

**❷** 그림 중에서 사각형을 선택한다. 커서를 움직여서 크기를 정하자.

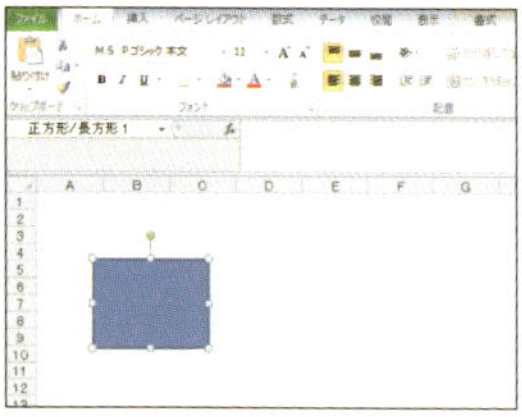

**❸** 마찬가지로 '삽입'→'도형'에서 이번에는 가방의 손잡이 부분이 될 아치형을 고른다.

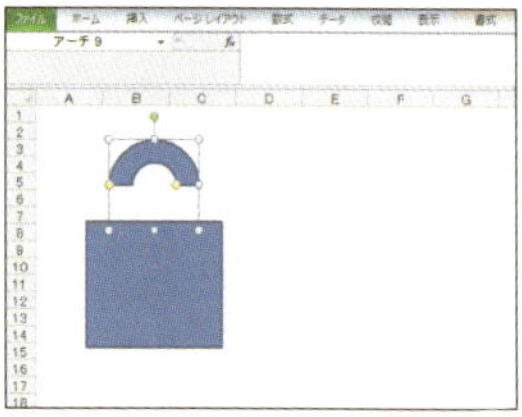

**❹** 커서를 움직여서 사각형과 아치형을 합친다.

**❺** 텍스트를 삽입한다. '삽입'→'텍스트상자'에서 '가로 쓰기'를 선택한다. 커서를 움직여서 글자의 위치를 선택하고 글자의 종류(폰트)와 크기를 선택한다.

**❻** '홈'→'서식'→'도형 색칠하기'로 전체를 검게 칠한다.

 인쇄해서 완성!

엑셀을 이용해 여러 가지 아이콘을 만들 수 있다!
이런 저런 도형을 혼합해 만들어보자.

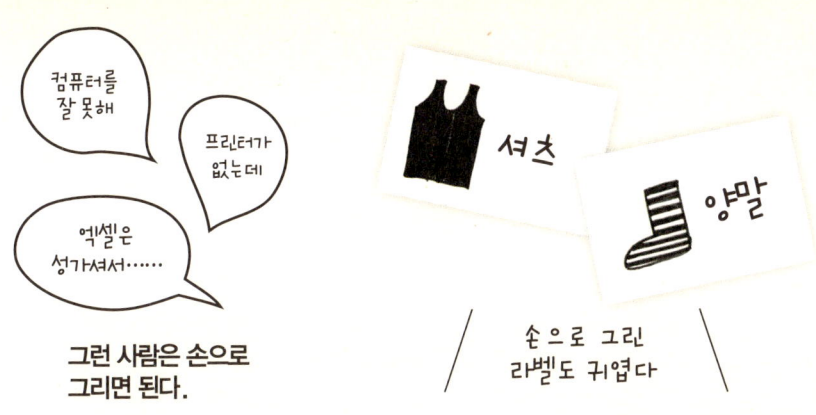

컴퓨터를 잘 못해

프린터가 없는데

엑셀은 성가셔서……

그런 사람은 손으로 그리면 된다.

손으로 그린 라벨도 귀엽다

그래도 만드는 게 귀찮은 사람들을 위해……
**신변용품 스티커 세트를 만들어보았다**

여아용 / 남아용

남아용과 여아용 각각 두 장씩!

붙였다가 떼서 다시 사용할 수 있는 스티커

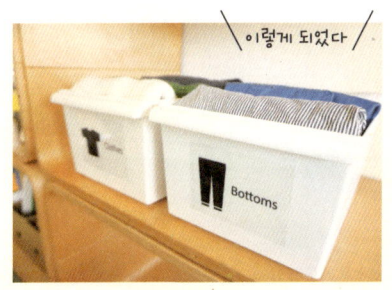

이렇게 되었다

**OURHOME 신변용품 스티커 16장 세트**
(남아용/여아용)

본체 스티커 2장(스티커 16장분)/A4사이즈 (210×297mm), 스티커 한 장당:A4사이즈 8등분 (105×74.2mm)/재사용 가능 스티커/가격 690엔/나카바야시(저자가 제작한 제품을 나카바야시라는 회사에서 제작 판매하고 있다.-옮긴이)/남녀 세트를 나누어 발매

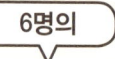

# 아이들 장난감 수납방식 엿보기!

내가 수납 어드바이스를 하러 방문했던 고객이나 정리수납 세미나 참가자 가정의 사례를 소개한다.

## 1
**U·I 님**
(수납 어드바이스 고객)
효고 현 거주
자녀 6세 여아

### 동선을 고려해서 아이 물건을 한 군데에 집중 수납하다

▶ 지금까지 장난감을 찾는 데 시간이 많이 걸렸지만 이제는 동선이 짧아지고 아이의 눈높이에서도 쉽게 찾을 수 있어 "엄마, 장난감 좀 집어주세요." 하는 일이 없어졌다.

▶ 이렇게 하면 부담 없는 가격의 수납용품을 사용하면서도 저렴해 보이지 않고 주거환경의 변화나 아이의 성장에 맞추어 쉽게 변경할 수 있다.

"Emi씨가 방문하셨던 그날 집에 있는 선반이나 빈 상자를 사용해서 임시로 설치해보았어요."

→ 어린이집 가방

→ 앨범

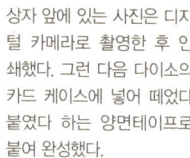

상자 앞에 있는 사진은 디지털 카메라로 촬영한 후 인쇄했다. 그런 다음 다이소의 카드 케이스에 넣어 떼었다 붙였다 하는 양면테이프로 붙여 완성했다.

*참고 상품
조립할 수 있는 나무 선반(행어 장착)
폭90×안길이45×높이183.5cm/소나무/25,812엔/베르메종

"우선은 집에 있는 물건으로 '임시 설치'를! 자녀가 사용하기 편한 크기, 선반 위치를 확인해서 새로운 상품을 제안했어요."

## 2

A · S 님
(수납 어드바이스 고객)
오사카 거주
자녀 3세 남아, 중학생
남아, 고등학생 여아

### 나무 깔판을 사용해서 선반을 제작하다

▶ 1종류 1상자 원칙하에 사진을 붙여서 아이는 물론, 가족이나 놀러온 할머니 할아버지, 친구들도 쉽게 정리할 수 있다.

▶ 아이의 눈높이를 고려해서 상자 안이 보이도록 선반의 높이에 주의하면서 나무 깔판으로 DIY했다.

> 직접 제작하니 크기도 안성맞춤! 아이들도 좋아하지요!

## 3

Y · I 님
(세미나 수강생)
효고 현 거주
자녀 7세와 4세 남아

### 붙박이장 하단에 장난감을 수납하다

▶ 친구가 놀러 와서 장난감을 가지고 논 후에 같이 치우기 쉽다.

▶ 사진 라벨을 만드는 것이 성가시기도 했고 아이가 글자를 익히는 중이라 글자로 썼다.

> 글자를 읽을 수 있다면 글자 라벨도 좋아요! 한눈에 장난감이 다 보이는 높이가 얕은 상자를 추천합니다.

시판되는 스티커에 손으로 그렸다.

## 손으로 그린 스티커는
## 아이들도 알아보기 쉽다!

▶ 네 살 난 아들도 물건들을 구분해서 정리할 수 있다. 원래 있던 상자를 이용해서 돈도 안 들고 제대로 수납할 수 있는 선반이 생겨서 굉장히 만족스럽다.

▶ 라벨을 모두 손으로 직접 그려 글씨를 읽지 못하는 어린아이라도 알 수 있다.

**4**

M·N 님
(수납 어드바이스 고객)
가나가와 현 거주
자녀 4세와 6세 남아

사진 라벨이 귀찮다면 손으로 그려도 좋아요!

## 5

H·H 님
(세미나 수강생)
효고 현 거주
자녀 5세 여아

### 몸통이 뚫린 상자로 다양하게 활용할 수 있는 수납방식

▶ 어디에 무엇이 있는지 알 수 있어 스스로 장난감을 꺼내 놓고 정리도 할 수 있다. 또한 상자째로 운반해서 놀고 싶은 곳에 가지고 갈 수 있다. 아이의 친구나 아이 엄마들이 집에 놀러왔다가 돌아갈 때 굳이 정리할 곳을 알려주지 않아도 알아서 치우기 때문에 할 일이 줄어들었다.

▶ 선반은 안길이가 짧아서 27cm 정도밖에 안 되지만 앞면을 맞추어서 깔끔해 보인다.

> 심플한 상자라면 초등·중학생이 되어서도 충분히 활용할 수 있지요!

## 6

C·U 님
(수납 어드바이스 고객)
오사카 거주
자녀 8세 남아,
3세 여아, 2세 남아

### 철제 선반에 장난감 상자를 수납하다

▶ 철제 선반에 투명한 상자를 올려서 거실 한 구석에 장난감 수납공간을 만들었다. 투명해서 안에 뭐가 있는지 쉽게 알 수 있다.

▶ 제일 아랫단에는 보관할 곳이 마땅치 않았던 장난감 유모차와 스카이 콩콩도 수납.

▶ 추천받은 그림책꽂이 상자를 구입해서 원래 있던 선반을 그림책 선반으로 사용하기로 했다.

> 원래 가지고 있던 철제 선반을 이용, 위층에는 여덟 살 오빠 물건을, 아래층에는 세 살 여동생 물건을 수납했어요.

> 5명의

# 신변용품 로커 엿보기!

## 1

**M·T 님**
(세미나 수강생)
오사카 거주
자녀 9세 여아,
7세 남아

### 색색깔 상자로 남매의 신변용품 로커를 만들다 가방도 수납

▶ 3단 선반을 아이들에게 하나씩 주어서 매일 등원, 등교 시 필요한 물건을 수납하게 했다. 이것으로 유치원에 다니는 아들도 스스로 준비를 할 수 있게 되었다.

▶ 거실 옆에 있는 방에 이 선반을 놓아 장난감이 여기저기 돌아다니는 일도 줄었다.

개인별 선반은 나중에 아이들 방에서도 따로 따로 쓸 수 있지요!

## 2

M·N 님
(세미나 수강생)
오사카 거주
자녀 6세와 3세 남아

### 아이들이 꺼내기 쉬운 여유 있는 수납공간을 만들다

▶ 세 살 된 둘째 아들도 유치원 가방을 정리할 수 있게 되었다. 여섯 살 된 큰아들은 귀가하면 원복과 모자를 제자리에 놓고 아침에는 혼자서 등원 준비를 한다.

▶ 매일 아침 남편이 유치원에 데려다주는데 아이들이 자기 물건을 스스로 꺼낼 수 있어서 바쁜 아침도 문제없다.

여유 있는 수납으로 아이들이 꺼내기 쉽지요!

## 3

Y·N 님
(세미나 수강생)
효고 현 거주
자녀 3세

### 오리지널 아이콘 라벨로 아이도 한눈에 알 수 있다

▶ 3단짜리 장난감 상자와 유치원용품 상자를 합쳐놓으니 아이도 자기 공간이라고 생각하는 것 같다.

▶ 장난감을 정리한 후에 유치원 원옷도 바로 입을 수 있어서 시간이 단축된다.

네모난 상자는 여러모로 쓸 데가 많지요! 상자 위에 공간이 있으면 아이들이 더 편리하게 사용할 수 있어요.

## 현관 한 군데에 모아두어 일일이 가지러 가지 않아도 된다

▶ 모자나 코트를 가지러 방에까지 가곤 했는데 이제는 현관에서 모든 준비를 마칠 수 있다. 제자리를 정해놓음으로써 아이가 스스로 정리하고 외출 준비를 할 수 있다.

▶ 현관 앞의 노는 공간을 이용해서 현관도 멋지게 변신했다.

**4**

U・I 님
(수납 어드바이스 고객)
효고 현 거주
자녀 6세 여아

> 현관의 신발장을 잘 활용할 수 있도록 제안했어요.

*참고 상품
사다리 식 화이트 선반/폭66cm/
11,869엔(택배 비 별도)/베르메종

---

**5**

Y・I 님
(수납 어드바이스 고객)
효고 현 거주
자녀 7세와 4세 남아

- 둘째의 유치원 가방
- 첫째의 유치원 가방
- 학원 가방
- 수영복 가방

## 귀가 후 가방을 걸 수 있는 걸이를 욕실에 설치하다

▶ 욕실에 가방걸이를 설치했다. 유치원에서 돌아오면 가방을 여기에 걸고 빨래를 세탁기에 넣게 한다. 수영복 가방도 마찬가지다. 이렇게 하니 동선이 줄어들어 매우 편해졌다.

> 아이들의 키가 자라면 고리의 위치를 조절하면 되지요!

*참고 상품: 위와 동일

# Topic

**A·S 님**
(수납 어드바이스 고객)
오사카 거주
자녀 3세 남아, 중학생 남아, 고등학생 여아

## 가족 신발 시트를 사용해보았다!

당시 우리 집은 신발이 여기저기 난무하는 상태였다. 중·고등학생인 아들과 딸에게 잔소리를 수도 없이 했지만 매일 반복하다보니 서로 스트레스를 받아 결국 내가 신발을 늘 정리하곤 했다.

그런데 Emi씨의 '쌍둥이가 신발을 가지런히 놓았어요!'라는 블로그 글을 읽고 시험 삼아 세 살이 채 안 된 막내아들에게 그림을 그려주었다.

아직 이를지도 모른다고 생각했는데 아주 간단히 신발을 정리할 수 있었다. 신기했다. '눈에 보이는 모양이나 마크가 있으면 아기들도 정리할 수 있구나!' 하는 생각이 들었다.

지금은 둘째의 신발 시트만 현관에 붙여놓았다. 첫째와 막내는 완벽하다고는 할 수 없지만, 그래도 이제 신발을 가지런히 놓고 집에 들어오는 습관이 든 것 같다.

**1** 신발 시트 리포트! 첫날 사진이다.
세 아이 모두 신발을 가지런히 놓았다.

**2** 며칠 후. 어라? 첫째아이 신발만 귀가한 상태 그대로의 방향으로 놓여 있다.
그냥 넘어가자 (*^^*)

**3** 어느 날 둘째아이의 신발시트 위에 축구화가 몇 켤레나 겹쳐 있었다. "내일 시합에 몇 켤레 가지고 갈 거니까……." 재미있어서 찰칵!

우리 집 신발 모양 시트

> 큰 아이들에게도 사용할 수 있다는 사실에 놀랐어요! 시트 모양대로 놓아보고 싶은 마음은 나이와 상관이 없더군요!

## '아이들 공간' 참고 아이템 소개

우리 집에서는 실제 사용하지 않지만 다음과 같은 상품으로 대체할 수 있다.
참고가 될 만한 아이템을 소개한다!
구입 시에는 반드시 크기를 확인하자!

### 장난감 상자

**바리에라(VARIERA) 상자
하이그로스 화이트**
폭33.5×안길이24×높이14.5cm/
599엔/이케아재팬

**컨테이너 슬림 얕은 형 화이트**
폭19×안길이27.3×높이13cm/540엔/요
시카와 국공업소(吉川国工業所, 플라스틱
용품 제작업체—옮긴이)

**컨테이너 와이드 얕은 형 화이트**
폭38×안길이27.3×높이13cm/756엔/
요시카와 국공업소

**카타스하코(katasu)**
화이트 L사이즈
폭38.6×안길이25.8×높이
25.1cm/923엔/SANKA/인테
리어 팔레트

**카타스하코**
화이트 M사이즈
폭38.6×안길이25.8×높이
15.5m/698엔/SANKA/인
테리어 팔레트

**포개 놓는 라틴 직사각형
바구니 소형**
폭36×안길이26×높이12cm/2,300엔/
무인양품

**Life Story 크라프트
오프롱시리즈 수납상자 M**
폭28.5×안길이20×높이9.3cm/5,180엔
안제 web shop

**Life Story 크라프트
오프롱시리즈 수납상자 L**
폭34.5×안길이23.6×높이11.3cm/
648엔/안제 web shop

**오픈 박스**

**소나무 유닛 선반 86cm 폭 S**
폭86×안길이|39.5×높이|83cm/
8,400엔/무인양품

**몸체 없는 오일마감 상자**
바인(Vine) LLBox 내추럴
폭72×안길이|27×높이|36cm/10,800엔/
리에르마르시게 Re–L SHOP

**곡선 목재 오픈 랙 내추럴**(사진은 다크 브라운)
폭66×안길이|30×높이|33cm/재질, 천연목
화장합판(단풍나무 재제)/7,549엔/베르메종

**문구류 수납**

**폴리프로필렌**
소품 수납상자 6단 A4 세로
폭11×안길이|24.5×높이|32cm/
2,000엔/무인양품

**그림책 수납 박스**

**카우네트 로라이즈
파일상자**
폭10.5×안길이|31.9×
높이|16.2cm/183엔/카우네트

칼럼 2

# 가사노동의 합리화와 육아의 관계

나는 어릴 때부터 '가사노동'에 흥미가 있어서 중학교 때 꿈이 '전업주부'였다. 그런 내가 결혼을 하고 일을 하기 시작했을 무렵부터 '가사노동의 합리화와 효율화'에 대해 관심을 가지기 시작했다. 쌍둥이가 두 살 반이 되던 무렵 일을 다시 시작하면서 '어떻게 하면 빠른 시간 내에 편하고 간단히, 그리고 시간과 수고를 들이지 않고 집안일을 할지'에 대해 더 많이 고민하고 그것을 실현하기 위해 노력해왔다. 빨래는 따로 말려서 개지 않고 건조기에 돌린 후 그대로 수납. 식기세척기, 코드 없는 청소기, 인터넷 쇼핑 이용……. 수단과 방법을 가리지 않고 편한 방법을 찾았다. 그리고 그럴 때마다 '어때, 이리저리 궁리하면서 참 잘해내고 있지 않아?' 하고 스스로 대견스러워했다.

그러던 어느 날 아이들이 네 살 무렵이었다. 인터넷 쇼핑으로 주문한 음식재료를 택배 아저씨가 배달해주었을 때, 아이가 어설픈 말로 "엄마, 이것들 아저씨가 사준 거야?" 하고 물었다. 순간 정신이 번쩍 들었다. '이대로 가면 아이들은 장보는 방법도 모르는 어린이가 되겠구나. 제철 채소나 과일을 고르는 방법 등도 모른 채. 나는 어릴 때 할머니나 엄마가 가르쳐주셨는데…….' 설거지하는 방법, 속옷 개는 방법도 마찬가지였다. 하지만 우리 아이들은 네 살이 되도록 그런 당연한 것조차 모르고 있었다. 그때부터 합리적으로 일해야 하는 가사노동과 합리적인 것만 따져서는 안 되는 가사노동을 구분하려고 노력했다.

네 살 무렵부터 시작한 '아이들과 함께'는 지금까지 우리 집 육아의 기본방침이다. 함께 햄버거를 만들고 함께 빨래를 개고 함께 설거지를 한다. 물론 매일은 아니다. 때로는 신속하게 마치고 싶어서 "오늘은 그냥 엄마가 할게!" 하고 말하는 날도 있다. 완벽을 추구하려고 애쓰지 않고 할 수 있을 때만 한다. 앞으로 아이들이 스스로 할 수 있게 되면 진정한 의미의 '시간단축 가사노동'이 실현될지도 모른다.

# CHAPTER 3

## 고민은 모두 마찬가지네!
## 모두의 질문 Q & A

내일 유치원 갈 준비 중

정리수납 세미나 수강생이나 블로그 독자 여러분이 자주 하는 질문
'이럴 땐 어떻게 하면 되나요?'에 대답한다.
지금까지 수납 어드바이스를 위해 방문했던 가정의 실제 사례나
우리 집의 예를 들어 설명한다!

"장난감 수납 선반을 만들었는데
아이들이 쓰기 불편해 해요"

— 장난감이 너무 많은 3세 여아의 어머니

"그것은 선반과 상자 사이에
공간이 없기 때문입니다."

그럼 한번 살펴봐요

여기가 좁다

얼핏 아무 문제도 없는 것처럼 보이지만 <u>선반과 박스 사이에 공간이 없다.</u> 이렇게 어느 정도의 공간이 없는 경우 아이가 상자를 꺼내지 않으면 내용물이 보이지 않아 결국 제자리로 돌려놓지 않게 마련이다.

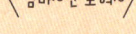

\엄마~안 보여~/

꺼내기 힘들어~

위에 공간이 있으면 안에 있는 장난감까지 쉽게 꺼낼 수 있다. 이처럼 조금만 연구하면 아이들도 꺼내기 쉽고 집어넣기 쉬운 수납공간을 만들 수 있다!

### 문짝이 달린 가구는?

문짝이 달린 수납공간은 보기에는 깔끔하지만 안의 내용물이 보이지 않아서 아이들이 사용하기 불편하기만 하다. 아이가 어릴 때는 차라리 문짝을 떼어내서 개방된 수납공간으로 사용할 것을 권한다.

"자잘한 문구용품은 어떻게 수납하면 좋을까요?"
— 문구류가 너무 많아 고민인 엄마

"우리 집에서는 문구류를
서랍째로 옮겨요!"

한꺼번에
들고 갈 수 있다!

대개 아이들은 처음에는 색연필을 쓰다가도 갑자기 크레용으로 색칠하고 싶어한다. 그런데 그때마다 색연필이나 크레용을 가지러 가는 것은 어른들도 성가신 일이다.

그림 그리기에 집중하기 위해서라도 우리 집 아이들은 문구류가 들어 있는 서랍을 통째로 들고 다닌다. 서랍 안에는 크레용, 색연필, 사인펜이 모두 들어 있다. 처음에는 종류별로 나누어놓았지만 아이들이 문구류를 쓰는 모습을 보고 이런 방식으로 바꾸어보았다.

정보 스테이션 문구 코너에서

> 예를 들면 이런 방법도…….

식탁 위에 항상 아이들의 문구류가 어질러져 있다는 오사카에 사는 T 님(7세와 5세 자매의 엄마) 댁에 방문했다.

아이들 방에 매번 가지러 가는 것은 성가시고 그렇다고 식탁 위에 물건을 늘어놓는 것도 원하지 않아서 식탁 옆에 있지만 별로 쓸 일이 없던 찬장 서랍을 문구류 서랍으로 변신시켰다!

이렇게 하면 아이들도 손이 닿는 높이에다 식탁 바로 옆에 있어서 꺼내기 쉽고 정리하기도 편리하다. 서랍 안을 바구니로 크게 나누어놓으면 바구니째로 운반하는 것도 가능하다.

원래는 찬장이었지만 일부를 문구류 서랍으로 사용하는 식으로 고정관념을 버리면 의외로 문제가 쉽게 해결된다. '여기에 두면 편리할지도 몰라, 저렇게 사용해보면 어떨까?' 하고 여러 방법을 궁리해보자.

오사카 T님 댁

*이 서랍에 넣으면 아이들도 손이 닿는다!*

*펜은 바구니째로 식탁에*

CHAPTER 3 고민은 모두 마찬가지네! 모두의 질문 Q & A

# Q

"신변용품 로커를 만들고 싶은데
어떤 가구를 사면 좋을까요?"

— 욕실에 선반이 없는 엄마

# A

"컬러 박스 하나로
만들 수 있어요!"

욕실에 붙박이 선반이 없을 때는 컬러 박스를
욕실이나 복도에 설치하면 좋다.
아이별로 나누어서 사용하면 편하다.

선반 높이를 조절할 수 있는 컬러 박스를 선택하면 아이가 성장함에 따라 변화를 줄 수 있다.

**컬러 박스**
(컬러 박스 컬러보 3단 WH)
폭42×안길이 30×높이 88cm/선반 장수 2장/1,102엔(세금별도)/니토리/선반의 위치는 나사로 고정한다. 본 상품에 선반 볼트는 포함되어 있지 않다.

선반은 추가 구입할 수 있는 것을 선택하면 편리
추가 선반(투이카타나이타 컬러보 karaboh 공예사 WH)
324엔/니토리

**양말과 속옷은 여기에**
Just-it 컨테이너
슬림 화이트
폭19×안길이 27.3×높이 13cm/
540엔/요시카와 국공업소

**평상복은 여기에**
Just-it 컨테이너 와이드 화이트
폭38×안길이 27.3×높이 13cm/
756엔/요시카와 국공업소

"아이가 좋아하는 텔레비전 방송 녹화 DVD가 쌓여만 가는데……."

– 정리정돈 못하는 엄마

"우리 집은 하드디스크 용량범위 안에서 수납합니다."

하드디스크 용량이 가득찰 것 같으면 아이와 함께 필요한 것을 고른다. 다시 볼 시간은 한정되어 있고 하드디스크 용량에도 한계가 있다는 사실을 아이들에게 알려주는 것이 중요하다.

무언가를 지우지 않으면 다음에 자신이 보고 싶은 것을 예약할 수 없다는 사실을 알게 되는 시스템이다. 이렇게 하면 녹화 DVD의 수납공간을 만들지 않아도 되어 일석이조다!

CHAPTER 3 고민은 모두 마찬가지네! 모두의 질문 Q & A

"이사를 자주 하는 우리 가족에게 맞는 가구는?"

– 계속 이사 다니는 엄마

"다양하게 변신하고 조립할 수 있는 가구가 최고!"

잦은 전근으로 이사를 자주 다니지만 지금 쓰고 있는 장난감 상자를 이사 가서도 계속 쓰고 싶다는 N님 가족. 장난감 종류가 늘고, 자잘한 장난감도 많아져서 이사 간 뒤에도 참신하게 활용하는 방법을 알려주었다.

원래 쓰던 가구는 바퀴 달린 상자. 이를 개방 상자로 변신시키고 몇 개를 추가로 더 구입하게 했다. 그리고 공구상에서 구입한 판을 걸쳐놓아 장난감 선반을 만들었다.

초등학생이 되면 책가방이나 교과서 선반으로도 이용할 수 있다.

이렇게 변신이 가능한 아이템은 자녀가 성장하거나 이사를 가더라도 계속 사용할 수 있다.

*가구를 포개놓을 때는 안전에 주의해야 한다.

"금방 작아지는 아이들 옷, 어떻게 하나요?"

— 버리는 게 아깝다는 엄마

### 물려줄 박스 & 걸레 박스를 만들었어요!

아이들 옷은 눈 깜짝 할 사이에 못 입게 된다. 그래서 우리 집은 아이들과 함께 68쪽의 장난감 정리와 같은 방식으로 옷을 정리해서 아직 쓸 만한 옷은 '물려줄 박스'에 넣어 사촌동생 집에 가져다준다. 또한 뭐가 많이 묻었거나 얼룩이 지워지지 않는 옷은 부엌에 있는 '걸레 박스'에 넣어둔다. 가끔씩 아이들이 스스로 넣을 때도 있다.

바닥에 무언가를 쏟거나 얼룩이 묻었을 때는 아이들이 이 '걸레 박스'에서 스스로 꺼내 바닥을 닦기도 한다.

여기! ➡ 부엌

<걸레 박스>

제일 아래 서랍이 '걸레 박스'. 아이들도 손이 닿는 곳이다.

<물려줄 박스>

가족 옷장에 있는 '물려줄 박스.' 안 쓰는 장난감도 여기에 넣어두었다가 가득차면 사촌동생에게 가져다준다.

"잘 그린 그림은 어디에 둘까요?"
— 우리 아이가 그림을 너무 잘 그려서 곤란하다는 엄마

"잠시 장식해두었다가 일 년에 한 권씩 파일에 모아두어요."

아이들 그림, 버리기 아깝다. 특히 아주 잘 그린 그림은……. 그래서 우리 집에서는 이런 규칙을 만들어두었다.

① 평소에 그린 것은 아이들 각자의 '그림 상자'에 스스로 넣게 한다.

③ 일 년에 한 권으로 모아서 아이별로 각각의 파일(A3)을 만들어준다.

② 아이들 공간의 문에만 잘 그린 그림을 장식한다.

"유치원에서 가져오는 입체작품은 어떻게 보관하지요?"

— 둘 곳이 없다는 엄마

"'추억의 박스'에 아이별로 보관하고 있어요."

집에 가지고 온 작품은 잠시 장식해두었다가 아이와 간직하고 싶은 물건을 고른다. 물론 처음에는 다 보관해두고 싶어하지만 사실 다시 꺼내 보는 일은 별로 없지 않은가? 그래서 수납공간이 적은 우리 집은 엄선해서 이 박스에 넣어 보관하고 있다.

만일 아이가 간직하고 싶어하고 공간에도 여유가 있다면 무리하게 처분하지 않아도 된다. 초등학생 자녀를 둔 어머니들이 "아이들이 초등학생이 되면 너무 쉽게 버리라고 해서 오히려 제가 아쉬울 정도예요" 하고 말하는 것을 들은 적이 있다.

박스는 세리아(Seria)의 'A4파일박스 W'(108엔)를 사용

아이들 공간에 있는 정보 스테이션

**Q** "아이들이 좋아하는 캐릭터 상품은 어떻게 하지요?"

– 캐릭터 상품이 조금 성가시다는 엄마

**A** "전부 안 된다고 하지 않고 규칙을 정해두었어요."

나도 출산 전에는 아이가 생겨도 캐릭터 상품은 사지 않을 생각이었다. 그러나 막상 아이가 태어나고 보니 아이들은 캐릭터를 좋아해서 그것이 그려진 것들을 가지고 싶어하고 입고 싶어한다.

그런 아이들의 욕구를 무시할 수도 없고, 아이들의 좋아하는 마음을 소중히 해주고 싶다. 하지만 그렇다고 뭐든지 살 수 있는 것이 아니라, '캐릭터 상품 중 속옷이나 양말, 도시락 용품은 OK!'가 우리 집의 규칙이다.

"캐릭터 옷을 입고 싶어!"라고 말하는 아들에게 남편이 "그런 옷을 입는 건 보기 싫어!"라고 말해 어린 마음에 상처받은 적이 있다. 그 후 우리 부부는 아이와 대화를 통해 "네가 고른 옷도 멋있지만 이 옷이 더 어울리는 것 같은데……" 하며 아이의 의견을 전면 부정하지 않으면서 뜻을 전달하도록 노력한다.

이것은 OK!

"장난감이 넘쳐나는 우리 집.
치우려면 어디부터 손을 대야 할까요?"

— 어떻게 치울지 모르겠다는 엄마

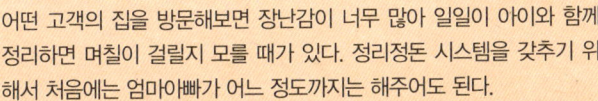

"작은 바구니 하나부터
정리를 시작합시다!"

어떤 고객의 집을 방문해보면 장난감이 너무 많아 일일이 아이와 함께 정리하면 며칠이 걸릴지 모를 때가 있다. 정리정돈 시스템을 갖추기 위해서 처음에는 엄마아빠가 어느 정도까지는 해주어도 된다.

그러나 인형 박스 하나든 장난감 박스 하나든 박스 하나만큼은 반드시 아이와 함께 정리해보기 바란다(68쪽 참조). 그래야 아이들 스스로 정리하는 법을 배우기 때문이다.

유치원에서 돌아왔을 때 마법처럼 방이 늘 말끔히 정리되어 있으면 아이는 정리방법을 알 수가 없다. 어찌 보면 아이가 배울 수 있는 기회를 빼앗는 것인지도 모른다.

시키지 않아도 부모가 옆에서 치우는 모습을 보여주는 것 자체가 중요한 교육이 될 수 있다.

소꿉장난 바구니 하나부터!

인형 바구니를 뒤엎어서 정리해볼까?

칼럼 3

# "어떤 식으로 아이를 키우고 싶은가?"

어느 혼잡한 일요일 패스트푸드 음식점에서 남편과 문득 이런 이야기를 나누었다.

"어떤 식으로 아이를 키우고 싶은가? 어떤 아이로 자라기를 바라는가?"

"착한 아이."

"남의 기분을 생각할 줄 아는 아이."

여러 가지가 있지만 나는 남편에게 '적어도 자기 일은 스스로 할 수 있는 아이'로 자랐으면 좋겠다고 말했다. 매일매일 주변정리, 내일을 위한 준비……. 부모인 우리에게 앞으로 어떤 일이 닥칠지 모른다. 그런 경우 아이들이 삶의 기본방식만 알고 있으면 어딜 가든 틀림없이 문제없을 것이라는 생각이었다. 그러자 남편은 이렇게 말했다.

"음~ 부모에게 사랑받고 있다는 사실을 알게 해주는 것만으로 충분하지 않을까?"

그리고 다시 말을 이었다.

"나는 부모님에게 사랑받고 있다는 마음만 있으면 뭐든 할 수 있다고 생각해. 그래서 나는 우리 아이들의 장래는 걱정 없다고 생각해"라고 말이다.

나는 남편이 나보다 한 수 위라는 사실을 깨달았다. 진심으로 '그래 그렇지.' 하고 수긍할 수밖에 없었다.

아이들이 스스로 할 수 있는 환경을 만드는 것도 중요하다. 그러나 무엇보다 중요한 것은 '부모에게 사랑받고 있다는 것을 아는 마음'이 아닐까?

# CHAPTER 4

아이들과 더 즐겁게 정리정돈 할 수 있는
**아이템 15**

아이와 함께
뭐든지 하자!

자, 이제 아이가 스스로 할 수 있는 시스템을 완성했다!
아이가 자진해서 치우거나 내일의 준비물을 챙기기 시작했다!
그러나……. 때로는 의욕이 사라지거나 도중에 포기하기도 한다.
그렇다, 우리 집도 이런 일상의 반복이다.
그런데 아이가 "싫어~ 이제 안 치울 거야!" 하고 말했을 때
포기하지 말고 조금만 신경 쓰면 아이의 의욕을 되돌릴 수 있을지도 모른다!
이번 장에서는 우리 집에서 실제로 하고 있는 아이템을 많이 소개하려 한다.
'오늘은 어떤 것을 해볼까?' 하는 즐거운 마음으로 시도해보자.

### 아이들과 벼룩시장을 개최해보자!

"어서 오세요~."

동네 벼룩시장에 가면 어린아이들의 목소리가 들린다. 학창시절부터 벼룩시장에 종종 나가곤 했던 우리 부부. 아이가 태어나면 아이와 함께 벼룩시장에 참여해보고 싶다고 늘 생각했었다.

쌍둥이가 어릴 때는 불가능했지만 다섯 살이 될 무렵 처음으로 벼룩시장에 데뷔했다. 꼬마 가게 주인은 앞치마를 두르고 가게를 본다. 아이들은 이제 자신들에게 필요 없는 장난감이나 작아진 옷 등을 골라 내놓은 물건을 어느 누군가가 사갈 때 기쁨과 보람을 맛본다. 이처럼 벼룩시장은 어린아이라도 많은 것을 느끼고 깨닫는 현장학습의 기회가 된다. 돈 계산이나 낯선 어른들과의 대화도 아이에게는 신선한 자극이었던 것 같다. 불필요한 물건을 처분하고 즐거운 거래를 할 수 있는 벼룩시장을 적극 추천한다.

## 재활용 가게로 가족 나들이를 가자

만일 벼룩시장을 개최하기가 어렵다면 못 쓰는 물건을 모아 아이들과 함께 재활용 가게에 가지고 가보는 건 어떨까? 자신이 필요 없다고 판단한 장난감이 과연 얼마에 팔리는지 알 수 있는 좋은 기회다.

세미나 수강생들에게 이런 얘기를 했더니, 일곱 살 아들과 '장난감 정리대회'를 개최하고 내친김에 재활용품 가게에도 다녀왔다는 수강생도 있었다.

그의 아들은 산더미 같은 장난감이 고작 100엔에 팔리자 놀라서 앞으로는 장난감을 많이 사지 않겠다고 스스로 말했다고 한다. 그리고 그 100엔으로 원하는 것을 사주었다고 한다.

불필요한 장난감이나 유아용품 등을 보면 아이들이 유치원에 간 사이에 얼른 처리하고 싶겠지만 아이 스스로 정리하고 선택할 수 있도록 해주자. 이렇게 하면 백 번 말로 가르치는 것보다 몇 십 배의 교육적 효과가 있다.

### 아이들과 before · after를 공유하자!

고객의 집에 수납 컨설팅 차 방문할 때, 나는 가장 먼저 방의 상태를 촬영해본다. 사진 한 장에 담긴 방의 모습을 객관적으로 바라봄으로써 무엇이 문제인지 쉽게 파악할 수 있기 때문이다. 매일 생활하다보니 익숙해진 우리 집이 렌즈를 통해서 보면 완전히 다르게 보인다고 고객들도 신기해한다.

이것을 응용해서 집에서도 아이들 공간이 지저분해지면 스마트폰으로 촬영해서 함께 보고 어디가 문제인지를 짚어본다. "방 좀 치워라!" 하고 입이 닳도록 말하기보다 "사진 찍어봐, 함께 생각해보자"라는 한마디에 아이들은 얼른 움직일지도 모른다.

일단 방이 깔끔하게 정리되면 그것 또한 사진에 담아보자. 이렇게 하면 기분 좋게 정리된 상태가 어떤 것인지 부모도 아이도 쉽게 연상할 수 있다.

## 게임으로 청소 분담을 정하자!

"화장실 청소 누가 해줄래?" 기분이 좋을 때는 "저요!" "저요!" 하고 말하기도 하지만 아이들은 변덕이 심하다. 대답이 없을 때는 "좋아. 그렇다면, 뽑기할 사람?" 하면 "저요! 저요!" 하고 크게 대답하곤 한다.

빨대를 이용해 화장실, 현관, 베란다 등 장소별 뽑기 막대를 만들기도 하고, 가족 각자의 이름을 적은 뽑기 쪽지를 준비해서 게임으로 청소할 장소나 담당을 정하는 날도 있다. 아이들은 물론 대환영이다. 나이와 상관없이 누구나 게임에는 신이 난다.

사실 이 방법은 전에 거래처에서 룰렛으로 청소 당번을 정하는 것을 보고 힌트를 얻었다. 그래서 언젠가 나에게 가족이 생기면 저렇게 해보겠다고 생각했던 것이다. 어차피 해야 할 청소라면 마지못해 억지로 하는 게 아니라 재밌고 즐거운 마음으로 하자.

### 여행지에서도 아이들 전용 서랍을 만들자!

매년 우리 가족은 조금 멀리 여름휴가를 가는데 호텔에 도착하면 제일 먼저 여행 가방을 열고 짐을 모두 꺼낸다. 그리고 대충 어른들의 옷 정리가 끝나면 아이들에게 "어느 서랍을 쓸래?" 하고 묻는다. 그런 다음 스스로 선택한 '전용 서랍'에 옷이나 파자마, 속옷을 모두 넣는다. 3, 4일 정도 지낼 곳이라면 아이들이 집에서 하듯이 여행지에서도 스스로 할 수 있도록 해주자. 그렇게 하면 휴가가 훨씬 편해진다. 모처럼 여행 와서 쉬고 싶은데 일일이 챙겨줘야 한다면 제대로 쉴 수도 없지 않은가? 아이들의 입장에서도 찾는 물건이 어디에 있는지 모르면 스트레스일 것이다. 하지만 이렇게 하면 여행 중에도 아이들 스스로 옷을 꺼내 갈아입을 수 있다.

할머니 할아버지 댁에 내려갔을 때도 마찬가지다. 매년 시골집에 내려가 휴가를 보낸다면 아예 그곳에 전용서랍을 만들어두면 어떨까?

### 아이들과 깔끔하게 정리된 친구집에 방문하자!

　정리수납 컨설턴트라는 일을 하고 있지만, 사실 나 자신도 정리하기 귀찮을 때가 있다. 그럴 때 깔끔하게 잘 정돈된 친구 집에 놀러가면 자극을 받아 의욕이 다시 넘쳐난다.
　아이들이 정리를 게을리할 때도 같은 방법을 사용해볼까 하는 생각이 들었다. 아이들 장난감이나 그림책이 잘 정리된 집, 아이들이 신나게 생활할 수 있는 공간을 만들어놓은 집에 아이들과 함께 놀러간다.
　우리가 자주 놀러가는 집에는 붙박이장 안에 아이들의 비밀기지가 있다. 아이들에게는 그런 공간이 동경의 대상인가 보다. 집에 돌아오면 둘이서 머리를 맞대고 방 한 구석을 비밀기지로 만들기도 한다.
　마찬가지로 정리가 잘된 친구네 집이 있으면 애어른 할 것 없이 따라하고 싶은 공동의 목표가 생길지도 모른다(아빠도 가능하면 함께 가자).

## 시간을 정하고 시작 전에 타이머를 누르자!

매일 같은 일을 반복하다 보면 싫증이 나기 쉽다. 어른이든 아이든 마찬가지다. 그럴 때는 타이머를 설정해놓고 '좋아 시~작! 5분, 3분' 하고 시간을 제한하면 눈 깜짝할 사이에 정리나 청소가 끝난다. 평소 같으면 시간이 더 걸릴 텐데, 끝내야 한다는 게임 근성이 발동하면 진도가 훨씬 빠르기 때문이다. 그러나 '빨리 하는 것'이 반드시 '좋은 것'은 아니므로 '정말 의욕이 없는데 뭐 좋은 방법이 없을까?' 고민될 때만 쓴다. 그리고 이때 어른도 뭔가 하기 싫은 일을 같이 한다. "엄마도 설거지가 귀찮지만 타이머 켜놓고 함께 하자!"라고 말하고 어린이집 준비물을 챙기는 아이들 옆에서 같이 하는 것이다. 만약 부모가 타이머를 들고 "남은 시간 1분" 하며 채근하면 강제로 하는 기분이 들 것이다. 항상 부모도 아이들과 함께 열심히 하는 자세를 보여주는 것이 좋다.

## 아이들이 좋아하는 캐릭터가 대변하게 하자!

'숙제를 매일 잘 해야 해!'

여름방학에 고객 집에 방문했을 때의 일이다. 고객이 손수 만들었다는 캐릭터 달력에 이런 메시지가 쓰여 있었다. 초등학교 1학년인 아들이 무척 좋아하는 캐릭터가 있는데 그것을 벽에 붙이고 아들에게 하고 싶은 말을 쓰니 엄마가 말하는 것보다 훨씬 효과적이었다고 한다.

이 얼마나 멋진 아이디어인가? 그 후 세미나에서도 종종 그 이야기를 한다. 아이들은 그때그때 좋아하는 캐릭터가 변하므로 시의적절하게 메시지 보드를 직접 만드는 것도 좋은 방법이다.

우리 집은 요즘 아들에게는 전사 캐릭터가, 딸에게는 하늘하늘한 옷을 입은 여자아이 캐릭터가 인기다. 얼마 안 돼 다른 캐릭터로 바뀔지도 모른다(웃음).

## 청소 노래를 틀어보자!

"모두 제자리, 모두 제자리 모두모두 제자리"라는 노래가 나오면 청소시간! 아이들이 서너 살 무렵 유치원이나 어린이집에서 이런 방법을 쓴다는 말을 듣고 실제로 해본 적이 있다.

선생님이 매일 정해진 곡을 피아노로 치거나 시디를 틀어주면 그 사이에 아이들은 놀던 장난감을 선반에 정리하거나 바구니에 넣는다고 했다.

나도 집에서 '모두 제자리' 노래를 하면서 셋이서 장난감을 집어넣었는데 그 일이 지금도 아련한 추억으로 남아 있다. 그러나 음악이 효과가 있었던 것은 네 살 때까지였던 것 같다.

최근의 추세에 맞게 스마트폰 앱이나 유투브를 통해 청소 타이밍에 맞춰 영상을 틀어주는 것도 좋은 방법이다.

### '노력표'를 만들어 칭찬스티커를 붙여주자!

흔해 빠진 방법이지만 열심히 할 경우 스티커를 붙일 수 있고, 도장을 받을 수 있다면 몇 살이 되어도 신이 나는 모양이다. 형제가 있으면 더더욱 시각적인 스티커나 도장에 경쟁심이 생긴다. '형에게 지고 싶지 않아! 내일도 잘해야지!'라고 의욕을 불태운다. 물론 형제간에 싸움을 부추기는 것은 안 되지만, 이 방법을 통해 정리하는 습관을 기를 수 있다면 시도해봐도 나쁘지 않다.

나는 중학교 때 매일 방과후 4과목을 4시간에 걸쳐 공부하곤 했다. 그리고 칸 4개를 만들고 공부가 끝나면 도장을 찍었다. 이것이 계기가 되어 하루도 빠짐없이 공부를 계속했던 기억이 난다.

지금도 'TO-DO 체크리스트'라는 것이 업무의 동기부여가 되고 있다. 이런 습관은 나이가 들어도 마찬가지인가 보다. 물론 아이들이 스티커 붙이는 것에 싫증을 낼 때도 있다. 그럴 때는 신속히 다른 방법으로 바꾸자.

\ 아이들과 함께 /

## 30분 대청소 대회
그리고
## 쓰레기 처리장 방문

왠지 집안이 지저분하다.
정리도 잘 안 되고 불필요한 물건이 잔뜩!
그럴 때는 아이들과 함께 시간을 정해서 대청소를 하자.
모아진 쓰레기는 모두 같이 쓰레기 처리장(클린 센터)에 가지고 간다.
쓰레기가 처분되는 과정을 아이들과 지켜보는 것도 중요하다.
우리 집에서는 이 작업을 일 년에 두 번씩 정기 가족 이벤트로 삼고 있다.

 **30분으로 시간을 정해놓고 모두 함께 대청소 대회를!**

청소는 하루 온종일 해도 좀처럼 진도가 안 나간다. 특히 아이들이 어릴 때는 집중력도 부족해서 장시간은 무리다. 그러니 우선 30분만! 이렇게 짧은 시간으로 시작해서 아이가 좀더 크면 60분으로 늘리면 된다.

아이에게 "필요해? 필요 없어?"라고 물어보면 "필요해!"라고 대답하므로 "이거 마음에 드니?" "이거 쓰지 않니?" "형아가 되어서도 쓸까?" 하고 물어보는 것이 아이들이 물건을 선택하는 데 도움이 되는 것 같다.

### 쓰레기 처리장에 사전 전화 예약

가정에서 나온 불필요한 물건을 쓰레기 처리장에 직접 가지고 갈 수 있다.*

가족 모두 불필요한 것을 골라냈는데 쓰레기 치우는 날이 아직 멀어서 현관이나 복도에 쓰레기가 넘쳐나면 기분이 좋지 않다. 따라서 그날 내놓은 쓰레기는 바로 쓰레기 처리장에 가지고 가서 그날 안에 깔끔히 치우는 것이 좋다. 쓰레기 처리장에는 미리 전화로 예약하고 가족들에게도 예약한 사실을 알려서 열심히 치우도록 하자.

### 자동차에 싣고 쓰레기 처리장으로

### 쓰레기 처분

이곳에 가면 자신들이 내놓은 쓰레기가 어떻게 처리되는지 아이들이 직접 볼 수 있다.

불필요한 물건을 쌓아두지 않고, 필요 없는 물건은 애초에 사지 않도록 노력해야 한다는 것도 말로 설명하는 것보다 훨씬 효과적으로 가르칠 수 있다. 매년 쓰레기양을 줄이는 것이 우리 집의 목표다.

* 일반가정 쓰레기를 가져갈 수 없는 곳도 있고, 전화 예약이나 제출 서류를 요구하는 등 각 지자체마다 시스템이 다르므로 사전에 반드시 거주지 지자체에 문의하기 바란다.

## 이런 말로 아이들을 지도하려고 노력한다

여느 워킹맘들과 마찬가지로 나 역시 육아와 집안살림에서 여전히 부족한 점이 많지만 아이들을 지도할 때 만큼은 다음 네 가지를 늘 염두에 둔다.

### 막연히 '치워라!'가 아니라 구체적인 말로 전달하자

대개 어머니들은 아이들에게 막연히 '치워라~!'라고 말할 때가 많다. 우리 부부 역시 무의식중에 쉽게 할 수 있는 말이다.

그러나 이 '치워라'는 말은 아이에게는 외국어처럼 들릴지도 모른다는 생각이 문득 들었다.

어른들도 마찬가지다. 회사에서 업무 중에 '일해!'라는 말을 들으면 무엇을 어떻게 일하면 좋을지 알 수가 없지 않은가?

'응? 일하라니 무슨 뜻인가? 더 구체적으로 알려줘야지……' 하는 생각이 들 것이다.

그러니 어린아이들은 더 구체적으로 말해줄 필요가 있다. 단순히 '치워라!'가 아니라 '가방을 로커에 넣자'는 식으로 말이다.

예닐곱 살이 되었는데 부모가 지나치게 앞장서서 지시하면 아이의 생각이 싹 트지 못한다는 지적도 있지만, 아주 어린아이에게는 가능한 한 구체적인 말로 일러주어야 제대로 알아듣는다.

## 아이들이 안심할 수 있도록 아이 말을 반복하자

대학시절 아르바이트를 하면서 겪었던 일이다. 개인과외 학원에서 강사로 일하던 나는 중학교 2학년 여자아이를 맡고 있었다. 민감한 시기였기에, 공부뿐만 아니라 정신적인 고민을 털어놓는 아이들이 많았다.

어떻게 답해주면 좋을지 고민하던 나에게, 상사가 가르쳐준 방법이 있는데, 지금 우리 아이들을 기르는 데도 활용하고 있다. 예를 들면 이런 식이다.

학생 : "내일 학교 가기 싫어요……."
나 : "그렇구나, 가기 싫구나."
학생 : "정말 짜증나요."
나 : "그래 짜증이 나겠지."

이렇게 앵무새처럼 아이의 말을 반복해주는 것이다. 그것만으로도 아이는 안심한다고 상사가 일러주었다.

그 말을 들었을 때는 '과연 그럴까?' 하고 반신반의했지만 실제로 해보니 학생의 얼굴이 상당히 밝아졌다. 사실 나 자신도 남편에게 뭔가를 의논할 때 바로 대답이 나오면 '그런 말을 원하는 게 아니잖아' 하는 생각이 들기도 한다.

아이든 어른이든 '그렇구나~그렇구나~' 하고 그냥 들어주는 것만으로도 안심한다는 얘기다.

## 3
### '나 스스로 해냈다!'는 생각이 들게 해준다

'누가 하라고 해서가 아니라 나 스스로 생각하고 스스로 해냈다!'

아이들이 이런 생각을 하게 되면 자립심과 자신감을 싹틔우는 데 큰 도움이 된다.

나는 대학시절에 어린이들의 캠프 리더를 맡은 적이 있었다. 집합장소에 모이기 5분 전이었다. 그런데 아이들은 놀기 바빠서 전혀 움직일 마음이 없어 보였다. 이때 나는 "얘들아 집합시간 5분 전이니까 가자!" 하고 재촉할 뻔했다.

하지만 그렇게 하면 아이들은 스스로 깨닫고 행동한 것이 아니라, 지시를 받아 움직인 것이 되어버린다.

그래서 일부러 "어, 지금 몇 시지?" 하고 말해보았다. 그러자 아이들은 문득 시계를 보고는 몇몇 아이가 "어, 집합시간 5분 전이네! 가야 돼요!" 하고 말해 모두 갈 준비를 시작했다.

그 자리에서 나는 "대단해! 스스로 알아서 행동하는구나!" 하고 잔뜩 칭찬해주었다. 그러자 아이들은 모두 으쓱해진 표정을 지었다.

이처럼 직접적으로 지시할 것이 아니라 '은근히 깨닫게 한다→아이가 행동한다→그 행동을 칭찬한다'는 과정이 중요하다는 것을 그때 배웠다.

물론 이 방법을 우리 집에서도 실천하고 있다.

"청소 시간이야!" "양치질할 시간이야!" 하고 재촉하는 것이 아니라, "지금 몇 시지?" "엄마 이제 슬슬 졸리네(잠들기 전은 양치질할 시간이야)" 하며 아이들 스스로 깨달을 수 있는 힌트를 주려고 노력한다(물론 아직도 수행중이지만).

## 4
### 제일 마지막에는 "엄마도 같이 하자!"가 효과만점!

여러 가정에 방문해보고 나 자신이 쌍둥이를 키우면서 아이들이 일고여덟 살쯤은 되어야 처음부터 끝까지 혼자서 다 치울 수 있다는 사실을 깨달았다. 따라서 여섯 살 전까지는 10 중에 2만 할 수 있으면 칭찬해준다. 만약 3을 할 수 있으면 더 칭찬해준다. 그러다보면 한 계단씩 위로 올라갈 수 있다.

여섯 살은 '치워라!'라는 일방적인 지시에 따르기에는 아직 어린 나이다. 우리 집은 어릴 때부터 시스템을 만들어 다양한 방법을 시도해왔지만 아이들이 도저히 할 마음이 없을 때 최종무기는 바로 이것이다!

"엄마도 함께할까! 지금부터 특별 서비스!"

뭐니뭐니 해도 이것이 가장 효과적이다. 생각해보면 살면서 아이들이 부모에게 뭔가를 함께하자고 청하는 날이 얼마나 있을까? 기껏해야 이 나이대의 고작 몇 년이 아닐까?

매일 아이들이 혼자서 완벽하게 할 수 있는 것을 목표로 하지 않는다.

때로는 옆길로 새기도 하고 산을 오르기도 내려가기도 한다. 그러면서도 부모와 자녀가 함께 정리정돈하고 함께 삶을 즐길 수 있다면 그보다 더 행복한 일이 어디 있겠는가?

**맺음말**

우리 집 쌍둥이가 다니는 어린이집 선생님에게서 이런 멋진 이야기를 들었다.

열매 맺는 나무를 보고 사람은 "큰 열매가 맺힌 걸 보니 대단하네!" "빨간 열매가 맺혔네" "새로운 잎이 많이 났네"라고 말한다. 이처럼 사람은 무르익은 열매, 무성한 이파리 등 눈에 쉽게 띄는 현상에 감탄하는 법이다. 그러나 잎이 무성하게 나고 맛있는 열매가 맺히려면 나무가 견고히 뿌리 내리고 성장하지 않으면 안 된다.

유치원생이 글자를 쓸 수 있고, 영어를 할 수 있고, 계산을 할 수 있다면 대단한 일이다. 그러나 그런 뻔한 능력보다는 거기에 이르기까지 뿌리가 되는 부분을 잘 길러주는 것이 중요하다. 가령 기본적인 생활 습관으로 아침 일찍 일어나기, 자기 일은 스스로 하기, 남을 배려하는 마음 갖기 등 점수로 나타내기 어렵지만 삶의 근간이 되는 중요한 뿌리를 유치원 때부터 제대로 심어주면 초등학교에 올라가서 틀림없이 푸르고 무성한 잎과 열매를 맺을 것이다.

가슴이 찡했다. 나는 정리수납 컨설턴트로서 그리고 여섯 살 쌍둥이의 엄마로서 어릴 때부터 아이들의 능력을 믿고 가정 안에서 그 능력을 발휘할 수 있게 해주고 싶었다. 그러나 아이의 주변 친구가 한자를 쓰거나 영어를 할 수 있다는 말을 들으면 마음 어디선가 '나도 일찍 시킬걸 그랬나?' 하고 후회할 때도 있다.

그러나 유치원에서 선생님의 이야기를 듣고 난 뒤 나의 판단이 옳았음을 깨달았다. 아이들이 여섯 살인 지금, 초등학교에 입학하기 전까지 자기 할 일 스스로 하기, 물건을 사용한 다음 제자리에 돌려놓기, 가족 모두를 배려해서 다음 사람이 쓰기 편하도록 하기······. 이런 당연한 일을 제대로 할 수 있게 지도하는 것만으로도 충분하다는 자신감을 가질 수 있었다. 그리고 그런 생각을 다른 많은 사람들에게도 전해주고 싶은 마음에 이 책을 출판하게 되었다.

지면을 만드는 데 협력해준 모든 관계자 여러분께 진심으로 감사를 표한다. 또한 늘 응원해주고 협조해준 남편과 아이들에게도 감사!

이 책을 통해 아이들과 함께 늘 연구하는 가정이 늘어나기를 바라면서······.

2015년 2월

emi

## 정리교육, 지금 시작합니다

**초판 1쇄 인쇄** | 2015년 9월 30일
**초판 1쇄 발행** | 2015년 10월 5일

**지은이** | Emi
**옮긴이** | 황혜숙

**발행인** | 김기중
**주간** | 신선영
**편집** | 이지예, 강정민, 정진숙
**마케팅** | 한솔미
**펴낸곳** | 도서출판 에밀
**주소** | 서울시 마포구 동교로 18길 31(서교동) 카사플로라 빌딩 2층(04031)
**전화** | 02-3141-8301
**팩스** | 02-3141-8303
**이메일** | thesouppub@naver.com
**페이스북 페이지** | @thesoupbook  **트위터** | @thesouppub
**출판신고** | 2012년 10월 10일 제 2012-000321호

**ISBN** | 979-11-86706-00-8 (13590)

· 이 책은 도서출판 에밀이 저작권자와의 계약에 따라 발행한 것이므로
  본사의 서면 허락 없이는 어떠한 형태나 수단으로도 이 책의 내용을 이용하지 못합니다.
· 잘못된 책은 구입하신 곳에서 바꾸어 드립니다.
· 책값은 뒤표지에 있습니다.